Schömbs/Hans

Rationelle Arbeitstechniken für Chefs

Wolfgang Schömbs/Karlfried Hans

Rationelle Arbeitstechniken für Chefs

Ein 5-Punkte-Programm gegen den Streß

BBE-VERLAG KÖLN

5. Auflage 1980 · Nachdruck, auch auszugsweise, nicht gestattet.
Umschlaggestaltung: Prof. E. Jünger, München.
Druck: Holzmann-Druck-Service, 8939 Bad Wörishofen.
ISBN 3-921330-04-1

Inhaltsverzeichnis

Einleitung

Tatsachen

Tatsache ist, daß Inhaber, Führungskräfte und Selbständige nach den jüngsten Untersuchungen eine durchschnittliche Arbeitszeit haben, die um genau ein Drittel über der offiziellen tariflichen Arbeitszeit der Angestellten liegt. Rechnet man die zahlenmäßig nicht erfaßbare Größe hinzu, daß echtes Abschalten am Feierabend und am Wochenende für viele nicht möglich ist, weil die „Mühle des Gehirns" einfach weiterläuft, so kommt man auf noch weit größere Abstände.

Tatsache ist auch, daß dennoch im Tagesablauf oft nicht mehr als zusammengerechnet zwei, höchstens drei Stunden zur eigenen Disposition zur Verfügung stehen und daß die meisten Chefs Feierabend- und Wochenendarbeiter geworden sind, um ihre eigentlichen Chefaufgaben zu erledigen.

Tatsache ist ferner, daß der Grad der Gereiztheit und Gespanntheit zunimmt, daß immer mehr Führungskräfte abgespannt und erschöpft in den Feierabend kommen, daß sie oft weder Zeit noch Kraft zur Muße haben, ganz abgesehen davon, daß die Zeit für Mitarbeiter und Familie durchweg fehlt.

Tatsache ist auch, daß im Zeichen schwieriger werdender Märkte und der sich daraus ergebenden Probleme die Klage immer häufiger zu vernehmen ist: Wir haben einfach keine Zeit, um kreativ zu sein oder um unsere Ideen und Einfälle wirklich in die Praxis umzusetzen.

Tatsache ist, daß gut gemeinte Ratschläge, wenigstens kurze Pausen einzulegen, um damit die Arbeitskraft zu erhalten, die Leistung zu steigern und die Streß-Stabilität zu verbessern, in 90 Prozent der Fälle zunächst mit dem Argument abgewehrt werden „dazu fehlt uns einfach die Zeit".

Tatsache ist daher, daß der Verbrauch an Kopfschmerz-, Kreislauf-, Beruhigungs- und Schlaftabletten steigende Tendenz hat und daß die Kurve der Nerven-, Kreislauf- und Herzkrankheiten nach oben zeigt.

Tatsache ist aber auch, daß führende Unternehmen in Industrie, Banken und Handel angesichts dieser Lage dazu übergehen, ihren geplagten Managern Meditationsseminare zu verordnen und daß auch unter den Selbständigen sich viele bereits freiwillig mit Zen, Yoga, transzendentaler Meditation und autogenem Training von den Torturen des Stresses zu befreien suchen.

Über diese Tatsachen können auch jüngste Forschungsergebnisse wie etwa die der Life Insurance Company nicht hinwegtäuschen. Eine 16-Jahres-Studie ergab, daß die Sterblichkeitsrate wegen Herzversagens bei leitenden Angestellten um 37 Prozent niedriger lag als in der vergleichbaren Gruppe der Gesamtbevölkerung (Spiegel 17/74). Dennoch: Herzversagen ist nur eines von vielen Symptomen übermäßiger Belastung.

32-Stunden-Woche für Chefs?

Die Aussichten auf eine Verbesserung der Lage durch Verringerung des Arbeitspensums sind nicht besonders günstig. Langfristige Prognosen sagen zwar voraus, daß 1985 die 32-Stunden-Woche bereits Realität sein werde. Einige Fakten deuten jedoch darauf hin, daß diese Annahme zumindest für Chefs auf absehbare Zeit nicht zutreffen dürfte. Die Anforderungen und Belastungen, mit denen die Gruppe der Chefs zu rechnen hat, werden nicht geringer, sondern haben eindeutig steigende Tendenz.

Bei steigenden Anforderungen an das Sozialprodukt wird das Arbeitskräftepotential tendenziell abnehmen. Dafür sorgen weitere Arbeitszeitverkürzungen, längere Urlaubszeiten einschließlich Bildungsurlaub, früheres Ausscheiden aus dem Berufsleben durch die flexible Altersgrenze und zunehmende Frühinvalidität sowie die Verlängerung der Ausbildungszeiten (Eick, FAZ 119/73). Wachsendes Sozialprodukt bedeutet aber demgegenüber, daß der Umfang der laufenden Tätigkeiten mengenmäßig größer wird, und zwar insbesondere in dem Bereich, in dem eine technische Rationalisierung am wenigsten möglich ist, nämlich im Managementbereich.

Hinzu kommen die qualitativ anspruchsvoller werdenden Kundenbedürfnisse. Ferner sind in einer dynamischen Wirtschaft laufend Veränderungen und Sondereinflüsse zu bewältigen: der ständige Wandel der Produkte, neu aufkommender Wettbewerb, neue Technologien im Bereich der Organisation, Einflüsse der sich immer rascher verändernden Wirtschafts-, Währungs-, Steuer- und Gesellschaftspolitik. Das alles kostet Zeit. Mehr Zeit wird auch für die Führung der Mitarbeiter benötigt. Sie sind anspruchsvoller geworden. Sie wollen diskutieren, sie wollen informiert sein, und sie wollen mitbestimmen.

Abgesehen davon, daß sich die wenigsten Chefs aufgrund ihres Naturells, ihrer Antriebsstärke, ihres Betätigungstriebs und ihrer Dynamik bei 32 Stunden Arbeit je Woche überhaupt wohlfühlen würden, wird die zur Bewältigung all dieser Anforderungen notwendige Arbeitszeit immer weit über der prognostizierten Zahl 32 liegen.

Der schädliche Dauerstreß

Es wächst zwar, wie es im Wallenstein heißt, „der Mensch mit seinen höheren Zwecken" und führende Mediziner weisen auch mit Recht darauf hin, daß Streß durchaus stimuliert. Dies gilt jedoch nur für Streß in Raten, also für Streß mit sinnvollem Ausgleich durch Entspannung und Regeneration. Ausgesprochen schädlich sind jedoch nach einhelliger Meinung der gleichen Mediziner die Konsequenzen permanenter Belastung durch Dauerstreß, angefangen von Müdigkeit, Abgespanntheit, nachlassender Streßstabilität bis zu echten Störungen des Nerven- und Kreislaufsystems.

Woher kommt eigentlich der Dauerstreß im Aufgabengebiet des Chefs? Während der normale Sachbearbeiter oder Verkäufer außer dem Druck seiner Tagesarbeit kaum zusätzliche Anforderungen zu verkraften hat, kommen bei ihm zur Tagesarbeit die eigentlichen Belastungsfaktoren erst hinzu: der vorhandene Berg nicht erledigter Arbeiten, der Ideen und Pläne, die eigentlich realisiert werden sollten, Störungen, plötzliche Häufung von Störungen, Mitarbeiter fallen aus, machen Fehler oder kommen nicht ohne ihn weiter, Termine werden nicht eingehalten, Lieferungen treffen nicht ein, technische Hilfsmittel fallen aus, Reklamationen, Beschwerden, und daneben muß noch an die Zukunft gedacht werden. Gerade die Angst um Zukunftsprobleme erschwert das Abschaltenkönnen.

Anti-Streß-Welle kuriert Folgen

Ein deutlicher Versuch, die verschiedenen Folgen des Stresses zu beseitigen, zeigt sich in der Anti-Streß-Welle. Allein 300 000 Läufer beteiligten sich 1973 an Trimmspielen. Bis 1980, schätzt der Deutsche Sportbund, werden sich 30 Millionen Bundesbürger sportlich betätigen. Die Deutsche Gesellschaft für Konsum-, Markt- und Absatzforschung in Nürnberg ermittelte, daß 81 Prozent der Bevölkerung bereits heute Ausgleichssport in irgendeiner Form betreiben. Immer mehr entspannen sich bei autogenem Training, Yoga, transzendentaler Meditation und Zen-Übungen.

Aber: es werden nur die Folgen kuriert. Der Spannungsausgleich findet ausschließlich am Abend, am Wochenende, im Urlaub oder in Seminarklausuren statt. Es fehlt die Integration des Anti-Streß-Gedankens in das Feld, das den meisten Streß verursacht: die 8 bis 10 und mehr Stunden täglicher Arbeit. Genau hier setzt unsere **5-Punkte-Strategie** an.

Ziele der 5-Punkte-Strategie

Neben besseren und zufriedenstellenden Arbeitsergebnissen (Leistungssteigerung) soll sie vor allem eine Entkrampfung und Entspannung der Tagesarbeit (Streßbewältigung) sowie eine Reduzierung der notwendigen Arbeitszeit (mehr Freizeit) erreichen helfen. Gleichzeitig ermöglicht sie eine Reduzierung des Personalaufwandes im gesamten administrativen Bereich.

Aus diesem Zielpaket sollten Sie aber unbedingt erst Ihre speziellen Ziele auswählen, bevor Sie mit der Lektüre der Strategie beginnen. Denn erst, wenn Sie Ihre Ziele definiert haben, können Sie klar entscheiden, welche Punkte der Strategie Sie übernehmen und anwenden wollen. Es ist z. B. durchaus denkbar, daß Sie sich speziell für das Ziel 2 und 3 oder für eine andere Zielkombination entscheiden.

Wir kennen viele Chefs, die sich bei einer Arbeitszeit von 10 bis 12 Stunden pro Tag vollkommen in ihrem

Element fühlen, dafür aber mit ihren Arbeitsergebnissen am Abend unzufrieden sind und allein dadurch unter permanentem Druck stehen. Andere wiederum sind mit ihren bisherigen Arbeitsergebnissen durchaus zufrieden, wollen dafür aber von den täglichen 12 Stunden und von der ständigen Anspannung herunterkommen.

Noch einmal: Entscheiden Sie sich für Ihre Ziele und holen Sie sich dazu die entsprechenden Anregungen aus unserer Strategie.

Die 5-Punkte-Strategie

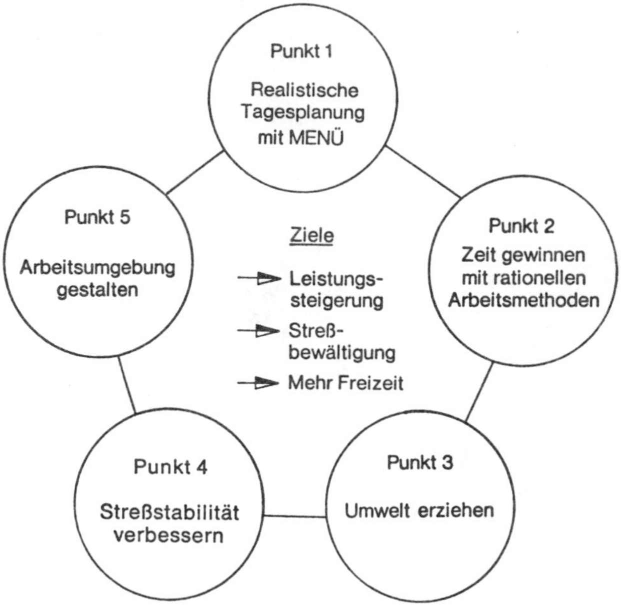

Alles Theorie?

In diesem Buch wird nichts empfohlen, was nicht in der Praxis bereits erprobt worden ist. Wer die empfohlenen Methoden noch nicht anwendet, neigt allerdings leicht dazu, diese als Theorie abzustempeln, und sich damit den Weg zu einer persönlichen Umstellung zu versperren. Zu einem Teil hat er zwar mit seiner Feststellung recht. Für ihn selbst ist tatsächlich noch vieles Theorie, was andere bereits erfolgreich praktizieren. Nur bleibt es für ihn tatsächlich so lange Theorie, bis er nicht selbst mit viel Geduld und Ausdauer an die Übertragung in die eigene Praxis geht.

Vieles muß natürlich auf die eigenen Verhältnisse zurechtgeschnitten werden. Die Praxis ist zu vielfältig, als daß man sie auf wenigen Seiten beschreiben könnte. Insofern müssen wir an Ihre eigene Phantasie und Mitarbeit appellieren. Versuchen Sie, die Denkanstöße auf Ihre speziellen Verhältnisse zu übertragen. Legen Sie sich deshalb am besten zu diesem Buch eine Checkliste an, in die Sie jede Idee eintragen, von der Sie sich besonders angesprochen fühlen. Verfolgen Sie diese Checkliste in Zukunft systematisch. Das wäre dann bereits der erste Schritt zur Umsetzung in die Praxis.

Punkt 1:
Realistische Tagesplanung mit MENÜ

Trotz Planung unzufrieden – woran liegt das?

Es gibt nur wenige Führungskräfte, die nicht schon in irgendeiner Weise mit Tagesplänen, Terminplänen, Terminkalendern und dergleichen gearbeitet haben. In sämtlichen Seminaren und Befragungen, die wir durchgeführt haben, kam auf die Frage „Arbeiten Sie mit Tagesplanung oder haben Sie es schon einmal damit versucht?" eine überwiegend positive Antwort. Die Frage „Sind Sie damit bisher zufrieden gewesen?" beantwortete die Mehrzahl dagegen unentschieden bis negativ oder mit „Ich habe es inzwischen aufgegeben".

Abgesehen davon, daß die Erstellung eines Tagesplanes allein noch nicht genügt, um befriedigende Arbeitsergebnisse zu erzielen – rationelles, zielstrebiges Arbeiten, Erziehung der Umwelt und vieles andere gehört selbstverständlich dazu – hängt sehr viel davon ab, wie Sie bei der Erarbeitung Ihres Tagesplanes vorgehen.

Die „Gedächtnis-Planung"

Zugegeben, es gibt Tage, an denen nur ein einziges, umfangreiches Projekt auf der Tagesordnung steht, z. B. die Vorbereitung einer Sonderaktion oder Verhandlungen wegen eines Grundstückskaufs und dgl. Das brauchen Sie sich nicht auf einem speziellen schriftlichen Tagesplan zu notieren. Aber ist das bei Ihnen der Normalfall? Ständig sind die unterschiedlichsten Vorgänge zu bewältigen. Sicher gibt es geniale Gedächtnisakrobaten, die selbst die kompliziertesten Zusammenhänge im Gehirn speichern und ordnen können. Aber überlegen Sie einmal ganz objektiv, ob Sie sich zu dieser Kategorie zählen wollen. Viel höher einzustufen ist bei dieser Methode auch die große Gefahr, daß jeweils neu hinzukommende Dinge spontan vorgezogen werden, besonders aus Angst, sie zu vergessen. Was Sie eigentlich erledigen wollten, bleibt dann bis zum Abend liegen. Konsequenz: Die Arbeit zieht sich bis weit in den eigentlichen Feierabend hinein, und es bleibt trotz harter Arbeit der nervlich belastende Druck der unerledigten Vorgänge.

Das „Minutenprogramm"

Eine ganze Reihe uns bekannter Führungskräfte hat es damit versucht:

8.00–8.30 Post
8.30–8.45 Besprechung mit Reinhardt
8.45–9.15 Kontrollrundgang
9.15–9.30 Unterlagen Sitzung vorbereiten usw.

Enttäuscht haben sie nach kurzer Zeit wieder aufgegeben. Wir erleben es auch regelmäßig in Seminaren, daß Teilnehmer beim Training der Tagesplanung zunächst versuchen, den Tag minutiös vorzuplanen. Das ist eines der großen Mißverständnisse, das viele überhaupt davon abhält, mit einem Tagesplan zu arbeiten: Die Verwechslung von Tagesplan und Minutenprogramm, exakt zusammengestellt wie die Rezepte eines Kochbuches. Das muß schiefgehen.

Warum? 1. Der tägliche Zeitaufwand für die Planungsarbeit selbst wird viel zu groß. 2. Der Zeitbedarf für die Erledigung der einzelnen Vorgänge läßt sich selten so exakt vorausschätzen, daß nicht nach kurzer Zeit der ganze Plan nicht mehr stimmt. 3. Selbst kleinste Störungen, die von außen kommen, werfen den ganzen Plan um. Die wenigsten von uns können wie Robinson auf einer einsamen Insel arbeiten.
4. Mit Recht fühlt sich der flexible Managertyp in ein starres Korsett gepreßt, das ihm jede Spontaneität nimmt.

Die „Aufgabenliste"

Alle anfallenden Aufgaben werden in ihr der Reihe nach gesammelt. Erledigtes wird gestrichen, neu hinzukommende Vorgänge, die nicht sofort erledigt werden können, werden einfach ergänzt.

Mit dieser Aufgabensammlung wird Ihr Überblick über noch zu erledigende Aufgaben sicher verbessert. Aber mit einem Tagesplan dürfen Sie diese Liste nicht verwechseln! Denn: Sie gehören nicht zu den Sachbearbeitern oder Verkäufern, bei denen sich das zu erledigende Arbeitspensum mit der jeweiligen Tages-Arbeitskapazität deckt.

Ihr Arbeitspensum (Organisationsprobleme, Planung, langfristige Projekte, Ideen entwickeln und durchsetzen usw.) geht mit Sicherheit weit über Ihre jeweilige Tageskapazität hinaus. Grob dargestellt kann das so aussehen:

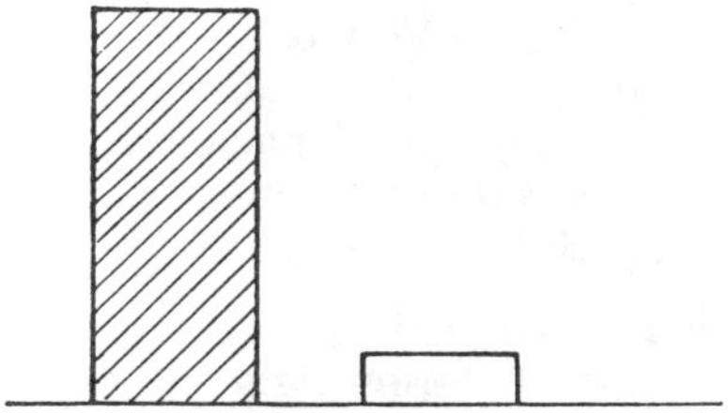

Diese Diskrepanz äußert sich ja in zwei Symptomen: Überfüllte Schreibtische und überfüllte Köpfe. Wie vieles haben Sie ständig im Kopf, von Zeit zu Zeit fällt Ihnen wieder etwas ein, aber die Tagesarbeit schiebt die Probleme erneut hinaus.

Mit der „Aufgabenliste" bekommen Sie daher Ihre jeweilige Tagesarbeit nicht in den Griff. Sie sehen auch nicht, was am gleichen Tage Vorrang genießt. Schließlich kommen Sie nicht vom permanenten Druck all der Aufgaben los, die noch zu erledigen sind. Es bleibt am Ende das unbefriedigende Gefühl, den ganzen Tag gearbeitet und – gemessen am gesamten Aufgabenberg – doch so gut wie nichts erledigt zu haben. So schleppen Sie die psychische Belastung mit in den Feierabend, es kommt nicht zur „Ent"spannung. Der bekannte Dauerstreß ist die Folge. Die Aufgabenliste ist nur Grundlage eines vernünftigen Tagesplanes, ein wichtiges Hilfsmittel, aber sie ersetzt ihn nicht.

„Jahresplaner" und „Chef-Bibel"

Auf die Frage „Wie und womit planen Sie eigentlich?" greifen die meisten Manager in ihre Brusttasche, und es kommt der bekannte dünne „Jahresplaner“ (z. B. Rido-Vormerker) zum Vorschein, oder sie holen aus ihrem Aktenkoffer ein pompöses Cheftagebuch im Format DIN A 5 hervor, dessen Seiten nach einem perfekten System von Terminplan und Erledigungsrubriken eingeteilt sind.

Beide haben ohne Zweifel ihre Vorzüge, je nachdem, was Sie damit verfolgen, bzw. wie Sie damit umgehen. Der „Jahresplaner“, der in erster Linie dafür gedacht ist, langfristig die Termine für Besprechungen, Besuche, Messen, Reisen und dgl. festzuhalten, ist eine wichtige Hilfe für die Terminplanung. Der Raum, der pro Tag zur Verfügung steht, gestattet es in den meisten Fällen jedoch nicht, die daneben anfallenden Tagesaufgaben planmäßig zu erfassen. Er eignet sich daher wenig als Tagesplan. Dafür ist er auch nicht gedacht!

Von denjenigen, die bislang mit der „Chef-Bibel“ gearbeitet haben, äußerten viele ein „teilweise zufriedenstellend“, weil sie damit die Tagesvorgänge übersichtlicher erfassen konnten. „Nicht zufrieden“, so die charakteristische Antwort eines Geschäftsführers, „bin ich jedoch damit, daß in meinem Buch pro Tag meistens zu viel erscheint, so daß viele Vorgänge einfach unerledigt bleiben!“

Natürlich gibt es auch viele, die mit diesem System bisher erfolgreich gearbeitet haben. Die meisten verwenden die „Chef-Bibel“ jedoch in erster Linie zur übersichtlicheren Erfassung der Erledigungsvorgänge — ähnlich wie die etwas einfachere „Aufgabenliste“, nicht aber als Instrument einer auf die Tageskapazität abgestellten realistischen Tagesplanung. Dazu fehlt in den meisten Fällen einfach die richtige Planungsmethode.

Das „Notizen-Sammelbuch“

Am wenigsten zufrieden mit ihrem bisherigen System zeigten sich Chefs, die in ihren Terminkalendern oder Notizbüchern neben Terminen und Aufgaben alle möglichen Notizen, Ideen, Gedächtnisstützen und Eintragungen sammelten. Denn sie verlieren damit nicht nur, wie sie selbst bestätigten, rasch den Überblick über die Tagesanforderungen, es bleibt auch ständig das Gefühl zurück, wenig erledigt zu haben. Tagesplan und Notizbuch sollten Sie bewußt auseinanderhalten!

Tagesplanung mit „MENÜ-Methode"

Ein Tagesplan sollte grundsätzlich nur das enthalten, was am gleichen Tag erledigt werden kann und soll. Denn generell gilt: Je mehr wir gesetzte Ziele für erreichbar halten, um so mehr mobilisieren und konzentrieren wir unsere Kräfte darauf, sie zu erreichen.

Besonders deutlich wird dies an einem Beispiel aus dem Bereich des Sports. Eine Fußballmannschaft, die im entscheidenden Spiel von 1 : 2 auf 2 : 2 verkürzt und damit ihren Sieg greifbar nahe sieht, mobilisiert plötzlich unerwartete Energien.

Genauso geht es Ihnen, wenn Sie sich für Ihren Tag erreichbare Ziele setzen. Je größer Ihre Erfolgschance, um so mehr konzentrieren Sie fast automatisch Ihre Energien auf das Geplante. Sie sind viel mehr bereit, Dinge, die Sie an der Erreichung Ihrer Tagesziele hindern, zunächst zurückzustellen — es sei denn, es handelt sich um Vorgänge von höherer Priorität.

Die Methode, die wir Ihnen empfehlen, ist wie vieles Erfolgreiche denkbar einfach. Sie brauchen nicht mehr als 10 Minuten Zeit. Mehr sollten Sie sich pro Tag auch nicht vornehmen. Wir wissen selbst, wieviel Überwindung dazu gehört, erst einen kurzen Plan zu machen, wenn eine Menge Arbeit wartet. Neugierde, Erledigungsdrang und Spontaneität müssen für kurze Zeit unterdrückt werden. Aber es lohnt sich.

Ein neutrales Blatt Papier genügt. Die Größe ist unerheblich, denn schließlich sollen Sie ja später, egal wo Sie sich gerade befinden, am Schreibtisch, im Flugzeug, in der Bahn oder am Frühstückstisch Ihre Planungsnotizen machen können. Wenn es sich ergibt, genügt auch ein freier Raum auf Ihrer Tageszeitung. Denn oft stellen sich ja die Einfälle für das, was zu erledigen ist, in Augenblicken ein, in denen wir gerade mit etwas anderem beschäftigt sind.

Auch bei der Planung sollten Sie die Vorzüge spontaner Einfälle nutzen.

Und jetzt gehen Sie einmal konsequent die vier Stufen der MENÜ-Methode durch:

1. **M**aßnahmen sammeln
2. **E**ntscheiden Sie über die Prioritäten
3. **N**otwendigen Zeitbedarf schätzen
4. **Ü**berarbeiten

Stufe 1: Maßnahmen sammeln

Schreiben Sie alles auf, was Sie morgen erledigen wollen bzw. müssen. Verwenden Sie dabei am besten gleich Abkürzungssymbole entsprechend der jeweiligen Erledigungsart:

D – für alle Diktate oder Schreibvorgänge

T – für alle Telefonate

B – für Besprechungen intern und extern

L – für Vorgänge, bei denen Sie nur etwas lesen wollen (Zeitschriftenartikel, Berichte usw.)

S – für alle Vorgänge, die Sie Ihrer Sekretärin übertragen wollen.

Sie können natürlich die Reihe der Symbole beliebig fortsetzen. Wir wollen es Ihnen aber nicht empfehlen, da das Verfahren sonst wieder zu kompliziert wird.

Nach den Erfahrungen mit der MENÜ-Methode reichen diese Symbole aus. Arbeiten Sie gerade am Anfang konsequent mit diesen Symbolen. Sie erleichtern sich damit nicht nur die Schreibarbeit bei der Planung. Sie sparen auch Zeit, das Blatt wird übersichtlicher, und Sie schaffen sich damit eine wichtige Basis für die serienweise Erledigung. So können Sie z. B. leicht erst alle „Ts", also alle Telefonate, hintereinander erledigen.

Wenn Sie mit der Sammlung fertig sind, stellen Sie sich grundsätzlich noch die wichtige Frage: „Welche Ds (Diktate) oder Bs (Besprechungen) könnte ich schneller auf telefonischem Wege erledigen?"

Bedenken Sie bitte: Ihre Zeit ist knapp, und Sie sollten immer den rationellsten Weg gehen. Wenn Sie sich für „T" entschieden haben, streichen Sie „D" oder „B" einfach durch, und ersetzen Sie es durch das „T".

Achten Sie darauf, daß Sie hier noch nicht nach Terminen oder nach irgendwelchen Reihenfolgen planen. Das würde das Verfahren nur unnötig erschweren und zu viel Zeit kosten. Noch einmal: Neutrales Papier, einfach sammeln!

Beispiel:

T – Einkauf / Zentrale
D – Statistik
T ~~D~~ – Müller / Lieferung
D – Berufsgenossenschaft
D – KER korrigieren
D – Finanzamt
T ~~D~~ – BBE
T – Huberts / Preise
B – Vertreter Junkes
B – Vertreter Höselmann
B – Laden

Sie können beim Sammeln der Vorgänge auch bereits trennen nach Vorgängen, die man als „Blitzvorgänge“ bezeichnen könnte und nach „Intensivvorgängen“. Blitzvorgänge sind solche, die Sie in 5 bis 10 Minuten erledigt haben. Zum Beispiel: Telefonate, kurze Diktate. Für Intensivvorgänge, deren Erledigung intensives und möglichst störfreies Arbeiten in Anspruch nimmt, brauchen Sie mehr und vor allem störfreie Zeiten.

Beispiel:

T – Einkauf / Zentrale
T ~~D~~ – Müller / Lieferung
T ~~D~~ – BBE
T – Huberts / Preise
B – Vertreter Junkes
B – Vertreter Höselmann
B – Laden

D – Statistik
D – Berufsgenossenschaft
D – KER korrigieren
D – Finanzamt

Jetzt haben Sie einen wichtigen Teil eines echten Tagesplanes, nämlich die Aufgabensammlung. Beginnen Sie aber bitte jetzt noch nicht mit der Arbeit, wie es die meisten tun, die sich bisher vielleicht in ähnlicher Form Notizen gemacht haben. Denn damit würden Sie die Erledigung Ihrer Aufgaben mehr oder weniger dem Zufall überlassen und Sie wären am Ende des Tages sicher enttäuscht, wenn Sie vieles, was „geplant" war, nicht geschafft haben. Einen echten Tagesplan sollten Sie immer auf das reduzieren, was Sie auch effektiv bewältigen können. Das erreichen Sie über die nächsten Schritte.

Stufe 2: Entscheiden Sie über Prioritäten

Stellen Sie sich dabei nur eine Frage: „Was muß heute unbedingt erledigt werden, komme was wolle?" Kennzeichnen Sie einfach die zugehörigen Erledigungssymbole durch Einkreisen.

Beispiel:

(T) – Einkauf / Zentrale
T ~~D~~ – Müller / Lieferung
T ~~D~~ – BBE
(T) – Huberts / Preise
(B) – Vertreter Junkes
(B) – Vertreter Höselmann
B – Laden

D – Statistik
D – Berufsgenossenschaft
D – KER korrigieren
(D) – Finanzamt

Wir haben selbst wie viele andere die Erfahrung gemacht, daß dies der zuverlässigste und rationellste Weg der Prioritätenfindung ist.

Es gibt auch andere Möglichkeiten, wie z. B. das Prioritäten-ABC, das Lakein (S. 34) empfiehlt. Mit A werden die Aufgaben gekennzeichnet, die am wichtigsten sind und von denen man die meisten Erfolge erwartet, mit B die nächstwichtigen und die restlichen mit C. Ähnlich etwa die Prioritätenkennziffern I, II, III oder die Farbenskala Rot, Grün, Gelb. Der Phantasie sind keine Grenzen gesetzt. Diese Methoden erweisen sich aber oft als zu kompliziert, gemessen an der Zeit, die Sie in die Tagesplanung investieren sollten.

Versuchen Sie es einmal für mehrere Tage mit unserer Frage: „Was muß heute unbedingt erledigt werden, komme was wolle?" Sie werden feststellen, daß Sie bei dieser Frage rasch die richtige Vorrangentscheidung treffen. Vorrangig kann dann verschiedenes bedeuten: Ein Termin muß unbedingt eingehalten werden, oder: Sie versprechen sich einen schnellen Erfolg, oder: Sie müssen unbedingt Kosten und Verluste vermeiden usw.

Der Zeitaufwand für diese Entscheidung ist relativ gering, aber Sie bringen damit eine ungeheure Sicherheit in Ihren Tagesablauf, und Sie erhalten eine wichtige Voraussetzung für den nächsten Schritt.

Stufe 3: Notwendigen Zeitbedarf schätzen

Dies ist der wichtigste Teil unserer Methode. Überlegen Sie sich im Schnellverfahren bei jeder einzelnen Aufgabe: „Wieviel Zeit brauche ich ungefähr für die Erledigung?" Dann stellen Sie per Addition die geschätzte Gesamtzeit fest. In unserem Beispiel sieht das so aus:

	(T)	– Einkauf / Zentrale	
T	~~D~~	– Müller / Lieferung	
T	~~D~~	– BBE	1
	(T)	– Huberts / Preise	
	(B)	– Vertreter Junkes	0,5
	(B)	– Vertreter Höselmann	0,5
	B	– Laden	3
	D	– Statistik	1,5
	D	– Berufsgenossenschaft	1
	D	– KER korrigieren	1,5
	(D)	– Finanzamt	1
			10,0

Sie werden gleich einwenden: Die Zeit läßt sich nicht immer genau festlegen, wenn ich nur an Besprechungen und komplizierte Vorgänge denke. Stimmt! Wir haben jedoch bei verschiedenen Untersuchungen festgestellt, daß sich für eine Reihe von Vorgängen Erfahrungswerte herausschälen, von denen man mit einiger Sicherheit ausgehen kann. So können Sie bei Telefonaten annehmen, daß die Erledigung eines Vorganges mit Vorbereitung und anschließender Auswertung im Durchschnitt 10 Minuten dauert. Damit ist natürlich nicht die bloße Durchsage von Zahlen oder reinen Informationen gemeint. Haben Sie auf Ihrem Blatt z. B. 6 Telefonate stehen, so brauchen Sie am rechten Rand nur eine 1 für eine Stunde zu notieren. Arbeiten Sie bei der Zeitschätzung bitte nicht in Minuten-Einheiten, sondern verwenden Sie nur grobe Stunden-Einheiten: 0,5, 1, 2 usw. Alle Tätigkeiten, bei denen der Zeitanteil unter einer halben Stunde liegt, fassen Sie am besten zusammen.

Bei Besprechungen oder komplizierten Vorgängen können Sie feststellen, daß ihre Erledigung oft genau so viel Zeit benötigt, wie Sie Zeit zur Verfügung stellen. Eine Vorgabezeit zwingt förmlich zur Einhaltung. „Ich arbeite viel konzentrierter und unterbinde Störungen viel konsequenter, wenn ich mir für etwas eine bestimmte Zeit vorgenommen habe", bestätigt uns der Filialleiter eines Kaufhauskonzernes.

Zugegeben, die Zeitschätzung ist zunächst ein gewisses Problem, vor allem, wenn Sie das bislang noch nicht konsequent geübt haben. Aber: Sie stehen ja erst am Anfang. Wir haben eben in unserer bisherigen Ausbildung normalerweise nicht gelernt zu schätzen. Alvin Toffler fragt mit Recht in seinem Buch „Der Zukunftsschock": Wieviel Zeit wurde während unserer Ausbildung in das Nachdenken über die Vergangenheit investiert und wieviel davon im Vergleich in das Vorausdenken der Zukunft? Als Unternehmer und Führungskräfte werden Sie jedoch laufend zu komplizierten Schätzungen über die Zukunft der verschiedenen Märkte (Beschaffungs-, Absatz-, Personal- und Finanzmärkte) gezwungen. Dann wird es Ihnen doch wohl gelingen, im wesentlich stärker überschaubaren Bereich Ihres eigenen Arbeitsgebietes zu realistischen Annahmen zu kommen.

Der tägliche Zeitaufwand ist nach einem kurzen Training minimal im Vergleich zu dem, was es an

Vorteilen bringt. Probieren Sie es einmal eine Woche lang. Sie werden feststellen, daß Sie dabei immer sicherer werden. Natürlich können Sie sich einmal verschätzen. Es kommen unerwartete Schwierigkeiten und Unterbrechungen auf. Wir selbst haben bislang in solchen Fällen auch immer wieder feststellen müssen, daß der eigentliche Fehler in unrealistischen Zeitvorgaben lag. Manchmal war ein wenig Selbstbetrug mit im Spiel, vielfach leichtfertige Unterschätzung des Problems. Niemand hindert Sie daran, Ihre Planung dann neu zu überdenken. Ohne eine Planung wäre die Lage aber mit Sicherheit viel schlimmer.

Auf welche Gesamtzeit sind Sie eigentlich bei Ihrer Addition gekommen? Sind es 8 Stunden, und es stehen Ihnen am gleichen Tag wirklich 8 ungestörte Stunden zur Verfügung, so können Sie Ihre Liste als Ihren Tagesplan betrachten, mit dem Sie jetzt an die Erledigung gehen. Normalerweise liegen die Verhältnisse jedoch anders. Wir haben festgestellt, daß der geschätzte Zeitaufwand häufig bei 12, 14 und mehr Stunden liegt. Eine derartige Planung ist von Anfang an unrealistisch, wenn Sie bedenken, daß Führungskräfte oft nicht mehr als 60 Prozent ihrer effektiven Arbeitszeit aktiv verplanen können. Die restlichen 40 Prozent brauchen Sie garantiert für Dinge, die Sie nicht aktiv steuern können, weil sie von außen an Sie herangetragen werden: von Mitarbeitern, Kollegen, Kunden, Geschäftspartnern. Wir sind ursprünglich von einer Annahme von 70 Prozent ausgegangen und mußten feststellen, daß dies einfach zu optimistisch war.

Verplanen Sie also nicht mehr als 60 Prozent aktiv, und richten Sie sich einen „Eventualhaushalt“ von 40 Prozent ein. Konkret: Wenn Sie normalerweise 10 Stunden pro Tag arbeiten (das ist Ihre eigene Entscheidung!), dann verplanen Sie in Ihrem eigenen Interesse nicht mehr als 6 Stunden. Kommt bei Ihrer Addition eine Summe von 10 Stunden heraus, so müssen Sie Ihre Aufstellung radikal und konsequent um 4 Stunden kürzen. Das heißt, Sie kommen nicht darum herum, Ihre bisherige Aufstellung zu überarbeiten.

Stufe 4: Überarbeiten

Am einfachsten geht es, wenn Sie feststellen, welche Gesamtzeit Sie für Ihre Prioritätsaufgaben, die Sie unbedingt am gleichen Tag erledigen müssen, eingeplant haben. Kommen Sie auf 6 Stunden, und es stehen Ihnen effektiv 6 Stunden zur Verfügung, dann sollten Sie die übrigen Punkte radikal durchstreichen und gleich für den nächsten Tag vormerken. Vielleicht übertragen Sie auch einige Vorgänge auf Ihre Mitarbeiter, denn Sie allein schaffen es ja offensichtlich nicht!

Sie sollten sich aber auch überlegen, ob Sie z. B. eine Besprechung, die Sie ursprünglich mit 2 Stunden angesetzt haben, genausogut auch in einer Stunde erledigen könnten. Erfahrungsgemäß ist ja gerade in Besprechungen noch viel „Luft" für die Zeitplanung. Kürzen Sie die Zeiten aller Vorgänge auf das unbedingt Notwendige, aber bleiben Sie immer realistisch. Der endgültige Tagesplan unseres Beispiels sieht nun so aus:

	(T)	– Einkauf / Zentrale		
T	~~D~~	– Müller / Lieferung		
T	~~D~~	– BBE	~~1~~	0,5
	(T)	– Huberts / Preise		
	(B)	– Vertreter Junkes	0,5	
	(B)	– Vertreter Höselmann	0,5	
	B	– Laden	~~3~~	2,5
	~~D~~	~~– Statistik~~	~~1,5~~	
	D	– Berufsgenossenschaft	1	
	~~D~~	~~– KER korrigieren~~	~~1,5~~	
	(D)	– Finanzamt	1	
			~~10,0~~	6,0

Wir wissen aus der täglichen Erfahrung, daß gerade diese Phase, nämlich die Kürzung auf das Mögliche, besonders schwerfällt. Aber die Begrenzung auf das Mögliche gehört ja zu den wichtigsten unternehmerischen Fähigkeiten. Ständig müssen wir unsere Ideen und Vorhaben mit unserer finanziellen Decke, unserer Personal- und Zeitkapazität in Einklang bringen. Ihren Tagesplan müssen Sie genauso auf Ihre zeitliche Kapazität zurechtschneiden können.

Was Ihnen 10 Minuten pro Tag bringen

Wäre es nicht doch besser, wenn Sie gleich an die Arbeit gingen? Immerhin gehen ja wieder 10 Minuten Ihrer ohnehin knappen Zeit weg. Wir haben eine ganze Reihe von Praktikern hierzu befragt. Hier die wichtigsten Resultate:

Besserer Überblick über die Tagesanforderungen. Stärkere Konzentration auf das Wesentliche und hohe Wahrscheinlichkeit, daß die Tagesziele erreicht werden. Die Gefahr der Verzettelung wird erheblich reduziert. Schwierige Vorgänge werden weniger verschoben. Bessere Unterscheidungsmöglichkeit zwischen wesentlichen und weniger wesentlichen Vorgängen. Störungen und Unterbrechungen werden viel schneller aufgefangen und abgebaut. Rationellere Erledigung durch Bündelung einzelner Vorgänge. Schneller und entspannter Übergang von einer Aufgabe zur nächsten. Bessere Selbstkontrolle und positive Erfolgserlebnisse am Tagesende. Echte Entspannung am Ende des Arbeitstages.

„Ein Mensch ohne Plan ist wie ein Schiff ohne Steuer“, sagte einmal Emil Oesch. Jeder von uns geht täglich mit einem bestimmten Reservoir an Energien an seine Arbeit. Ohne eine klare Planung gehen unsere Energien wahllos in irgendwelche Richtungen. Wir kümmern uns spontan um Dinge, die gerade auf uns zukommen: Post, Anrufe, Gespräche, spontane Einfälle und dgl. und ärgern uns, daß nichts oder nur wenig von dem, was wir eigentlich wollten, erledigt wurde.

Die MENÜ-Methode regt Sie an, sich zu entscheiden, was für Sie wichtig, notwendig und realistisch ist. Damit werden Ihre Energien wie Scheinwerfer auf das gebündelt, worauf Sie sie eingestellt haben.

Ein zentraler Punkt ist die erzielte psychische und physische Entspannung. Die vielen gesundheitsschädlichen Folgen unserer Tagesarbeit werden ja nicht durch den Streß, sondern hauptsächlich durch Dauerstreß als Folge fehlender Entspannung erzeugt. Fehlender Überblick erzeugt Angst, die Arbeit nicht bewältigen zu können. Angst erzeugt Hast, unnötige Spannung und damit eine unnötige Belastung unserer Energien. Unsere Leistungsfähigkeit wird ohne klare Übersicht oft deutlich beeinträchtigt.

Mit einem realistischen Tagesplan schneiden Sie aus dem Block all der Aufgaben, die noch vor Ihnen stehen, den Teil heraus, der Ihrer Tageskapazität entspricht. Sie konzentrieren Ihre Energien auf die Erledigung dieses Blocks. Der übrige Berg belastet Sie zunächst nicht mehr.

Es macht im übrigen jedesmal Spaß und entspannt, wenn einzelne Punkte als erledigt abgehakt werden können. Vor allem bekommen Sie am Tagesschluß das sichere Gefühl, das, was Sie sich vorgenommen haben, erreicht zu haben. Sie sind im echten Sinn „entlastet". Damit haben Sie eine wichtige Voraussetzung für echte Entspannung und ein wirksames Mittel gegen den Dauerstreß. Kein Hochleistungssportler bleibt in Form, wenn er sich nach dem Kampf nicht entspannt und regeneriert. Genausowenig behält ein Hochleistungsmanager seine Leistungsfähigkeit, wenn er sich nach harter Arbeit nicht entspannen kann.

Aktion vor Perfektion

In der Praxis sind immer wieder einige Fehler zu beobachten, die den Umgang mit dem Tagesplan unnötig erschweren. Sie können diese Fehler leicht vermeiden, wenn Sie sich an folgende Grundsätze halten:

1. Keine Perfektion, keine bürokratische Starrheit!

Es ist selbstverständlich, daß Sie Ihren ursprünglichen Plan zurückstellen und korrigieren, wenn unerwartet wichtige Ereignisse eintreten. Beispielsweise wenn Sie ursprünglich zu wenig Zeit für einen Vorgang angesetzt haben oder wenn eine „Katastrophenmeldung" eintrifft, Mitarbeiter sind ausgefallen und dgl. Sie können auf der Grundlage unserer Planungsmethode jedoch viel sicherer und leichter umdisponieren, ohne den Überblick zu verlieren.

2. Halten Sie den Tagesplan immer in Reichweite!

Am besten ist es, wenn Sie ihn in Form eines „Brustbuches" führen.[1] Sie arbeiten ja nicht nur am Schreibtisch. Sie gehen durch den Betrieb, sind in Besprechungen, sind unterwegs auf Tagungen, Geschäftsbesuchen und Messen. Überall kommen

[1] Es werden hierzu auf dem Markt einige Systeme angeboten. Zum Beispiel: Success, Ratio.

Dinge und Einfälle auf Sie zu, die Sie erledigen wollen und deshalb in Ihrem Tagesplan festhalten sollten. So belasten Sie Ihr Gedächtnis nicht mit unnötigen Dingen.

3. Planen Sie vor Arbeitsbeginn!

Es spricht sehr viel dafür, daß Sie am Abend des abgeschlossenen Tages den nächsten Tag planen. Sie gehen mit größerer Sicherheit und Entspannung in Ihren wohlverdienten Feierabend und mit größerer Konzentration am nächsten Morgen an Ihren Schreibtisch.

Wir kennen jedoch eine ganze Reihe erfolgreicher Geschäftsleute, die das Durchdenken des nächsten Tages vor Feierabend gerade nach einem harten Tag als störende Belastung empfinden und deshalb höchstens noch einmal einen Blick über die Aufzeichnungen des abgelaufenen Tages werfen wollen, um sich die gewünschte Sicherheit zu verschaffen.

Sie sollten hier einfach den Weg herausfinden, der Ihnen am meisten liegt. Nur machen Sie es sich zur Gewohnheit, spätestens am nächsten Morgen, und zwar bevor Sie an die Schreibtischarbeit gehen, Ihre Tagesplanung fertigzumachen. Sonst sind Sie ohne Kompaß jeglichem Ansturm ausgesetzt.

4. Halten Sie sich an die 60-Prozent-Regel!

Verplanen Sie nur 60 Prozent der Tageszeit, die Sie zu arbeiten beabsichtigen, und behalten Sie sich 40 Prozent als „Eventualhaushalt“ vor. Es sei denn, Sie entscheiden einmal ad hoc, daß Sie für einen ganzen Tag nicht gestört werden dürfen. Dann arbeiten Sie aber am besten in Klausur.

Zusammenfassung zu Punkt 1

Nehmen Sie sich für Ihren Tagesplan nicht mehr als 10 Minuten Zeit. Aber halten Sie sich konsequent an die 4 Stufen der MENÜ-Methode:

Maßnahmen sammeln

- *Symbole verwenden (D, T, B, L, S)*
- *einfach auflisten, ohne Terminreihenfolge*
- *lediglich „Blitzvorgänge" und „Intensivvorgänge" trennen*

Entscheiden über Prioritäten

- *Frage: „Was muß heute unbedingt erledigt werden?"*
- *Symbole einkreisen*

Notwendigen Zeitbedarf schätzen

- *Stundeneinheiten verwenden (0,5, 1 . . .)*
- *Gesamtbedarf feststellen*

Überarbeiten

- *Auf effektive Zeitkapazität kürzen*

Erst das E, das N und das Ü hilft Ihnen, Ihren Tag in den Griff zu bekommen und Ihre Energien entspannt auf das Wesentliche zu lenken. Das ist der wichtigste Teil unseres Verfahrens.

Punkt 2: Zeit gewinnen mit rationellen Arbeitsmethoden

„Ist die Zeit das Kostbarste unter allem, so ist die Zeitverschwendung die allergrößte Verschwendung" (Benjamin Franklin).

Wir vergeuden aber unsere Zeit

1. weil wir vieles zum falschen Zeitpunkt tun,
2. weil wir die Möglichkeiten des rationellen Arbeitens im Managementbereich nicht genügend ausschöpfen, ja oftmals noch mit längst überholten Methoden arbeiten:
   - Wir schreiben zu viel!
   - Bei der Korrespondenz siegt immer noch Schönheit vor Geschwindigkeit!
   - Unsere Besprechungen sind um die Hälfte zu lang!
   - Die teure Einzelfertigung hat Vorrang vor der Serienproduktion!

Die Konsequenzen werden sichtbar in einer Untersuchung der BBE-Unternehmensberatung in Köln im Auftrag des Bundeswirtschaftsministeriums. Diese hat ergeben, daß die durchschnittliche Stundenleistung der erfaßten Unternehmer des Einzelhandels je Woche bei 55,6 Stunden liegt. Wohl gemerkt: im Durchschnitt! Dabei sind Abweichungen um 10 und mehr Stunden nicht ausgeschlossen. 28 Prozent der zur Verfügung stehenden Zeit pro Jahr fallen auf Tätigkeiten im Verkauf und im Personalbereich, 47 Prozent auf Einkauf, Verwaltung und Unternehmensleitung, 25 Prozent auf Freizeit (inkl. Urlaub, Sonn- und Feiertage). Besonders die fast 50 Prozent für Einkauf, Verwaltung und Unternehmensleitung sind ein Angriffspunkt, wo durch rationelle Arbeitstechniken erheblich Zeit eingespart werden kann.

Das Gerede vom Zeitmangel

Machen Sie einmal zum Spaß einen Test. Nehmen Sie ein kleines Stück Papier zur Hand und machen

Sie darauf einen Tag lang jedesmal einen Strich, wenn Sie den Satz hören „Ich habe keine Zeit“ oder ähnliche Äußerungen. Neben dem Gerede über das Wetter dürfte dies wohl die häufigste Klage sein, die pro Tag zu hören ist. Jetzt machen Sie noch folgendes: Gehen Sie in Gedanken einmal Mitarbeiter, Kollegen, Geschäftspartner, Freunde und Bekannte durch und teilen Sie sie in zwei Gruppen ein:
Gruppe 1 „Steht permanent unter Zeitdruck“,
Gruppe 2 „Viel beschäftigt, aber hat trotzdem Zeit“.
Woher kommt dieses Gerede über den Zeitmangel und woher kommen diese Unterschiede?

Zunächst sollten Sie einmal die simple Tatsache akzeptieren, daß es einen objektiven Zeitmangel nicht gibt. „Das ewige Gerede vom Zeitmangel ist völlig aus der Luft gegriffen“ (Lakein, S. 15). Jedem von uns stehen 24 Stunden pro Tag zur Verfügung, daran läßt sich überhaupt nichts rütteln. Davon ein bestimmter Teil an Arbeitszeit, 8, 10 oder 12 Stunden, je nachdem, wie wir uns entscheiden. Das wäre der objektive Zeitwert. Der subjektive Zeitmangel hat seine Ursache vorwiegend darin, daß wir uns entweder zu viel vornehmen oder unsere Zeit nicht produktiv und rationell nutzen. Hierzu ein Beispiel:

Bei einer Tagung mit Mitgliedern eines Einzelhandelsverbandes machten wir zu Beginn eine Aufstellung aller Themen, die besprochen werden sollten. Erste Reaktion der Teilnehmer: „Wir haben wieder einmal viel zu wenig Zeit“. Daraufhin erarbeiteten wir mit unserer MENÜ-Methode einen realistischen Tagesplan. Prioritäten wurden entschieden, der notwendige Zeitbedarf geschätzt und die Liste auf die effektiv zur Verfügung stehende Zeit überarbeitet, vieles mußte gestrichen werden.

Neue Reaktion der Teilnehmer: „Jetzt haben wir endlich genügend Zeit, um uns mit den wichtigen Themen zu beschäftigen!“

1. Arbeiten Sie antizyklisch

Wir sollten also lernen, zwischen dem objektiven Zeitwert oder dem Zeitangebot und dem subjektiven Zeitwert, dem Zeitbedarf, zu unterscheiden. Der subjektive Wert der Zeit hängt davon ab, wie ich die zur Verfügung stehende Zeit nutze, vor allem, wann ich etwas erledige. Jacques de Chalendar meint in seinem anregenden Buch „Die Neuordnung der Zeit" (S. 131): „Die Zeit, die man braucht, ist eine Funktion des gewählten Zeitpunktes." Und fährt fort: „Es ist nicht einerlei, ob man seine Ferien auf den November oder auf den Juni legt, ob man am Tag oder in der Nacht, am Sonntag oder unter der Woche arbeitet." Wenn es uns gelingt, uns so weit wie möglich antizyklisch zu verhalten, d. h. nicht alles zu derselben Zeit wie alle anderen zu tun, dann wird von dem objektiven Zeitangebot, das für alle gleich groß ist, viel mehr Zeit frei für die Erledigung unserer Aufgaben. Die objektive Zeitkapazität wird besser genutzt, der Nutzungswert unserer Zeit nimmt zu.

Beispiele für antizyklisches Verhalten gibt es genug. An der Börse disponieren Kenner antizyklisch. Sie kaufen, wenn alle anderen noch verkaufen, um den Nutzungswert ihres eingesetzten Kapitals zu vergrößern. Grundstücksspezialisten kaufen in der Flaute, wenn alle anderen sich zurückhalten. Die Masse der Reisenden steigt in die mittleren Wagen des Intercity-Zuges. Geschäftsleute dagegen, die die Bahnfahrt zum ungestörten Arbeiten verwenden wollen, steigen in den ersten oder letzten Wagen. Ein Münchner Freund fährt zur normalen Zeit am Wochenende zur Zugspitze, aber nicht auf dem direkten Weg, sondern über die Landstraßen, und ist viel schneller am Ziel. So gewinnt er mehr Zeit für sein Skivergnügen. Gehen Sie am Wochenende einmal um 8 Uhr zum Tennisplatz, statt wie die meisten um 10 Uhr, fahren Sie einmal nachts in Urlaub, statt wie die Masse am Tag, bleiben Sie eine Stunde über die Rush-hour hinaus im Geschäft, dann wissen Sie: Sie brauchen weniger Zeit, und Sie gewinnen Zeit. Sie lesen dieses Buch bestimmt auch nicht an einem Werktag zwischen 10 und 12 Uhr. Sie würden sicher das Drei- bis Vierfache an Zeit benötigen.

Konsequenzen für Ihre Tageseinteilung

Arbeiten Sie antizyklisch! Beginnen Sie in der ersten Phase des Tages gleich mit der Erledigung der Punkte, die Sie sich in Ihrem Tagesplan vorgenommen haben. Stellen Sie die Post und andere Dinge, die neu auf Sie zukommen, erst einmal zurück. Nehmen Sie sich dafür – je nach Ihrer Situation – die erste oder die ersten zwei Stunden des Tages.

So kommen Sie effektiv zum Arbeiten. Sie werden bei den Dingen, die Sie unbedingt am gleichen Tag

erledigen müssen oder wollen – sonst stünden sie ja nicht auf Ihrem Tagesplan – nicht durch neue Vorgänge, die Ihnen von außen per Post usw. diktiert werden, abgelenkt und gestört. Sie werden nicht „gearbeitet“ (Sievert, S. 38), sondern Sie arbeiten. Sie sind Ihr Chef. Sie bekommen damit auch den Druck und die Spannung unerledigter Arbeiten „vom Hals“ (das dürfen Sie ruhig wörtlich nehmen, denn Druck wirkt sich bei vielen in Verspannungen im Hals-Nacken-Bereich aus). Es macht Spaß, bereits vieles erledigt zu haben, bevor der Hochbetrieb, d. h. das Hoch der anderen im Betrieb, beginnt. Sie können viel störfreier und damit auch rationeller arbeiten.

Um die günstigsten Phasen für antizyklisches Arbeiten herauszufinden, sollten Sie einmal überlegen, in welchen Zeiten Sie normalerweise von außen durch Gespräche und Anrufe am wenigsten gestört werden.

Wir haben das bei einer Reihe von Geschäftsführern und Abteilungsleitern untersucht. Im Falle des Geschäftsführers eines Möbeleinrichtungshauses kam z. B. folgendes Bild heraus:

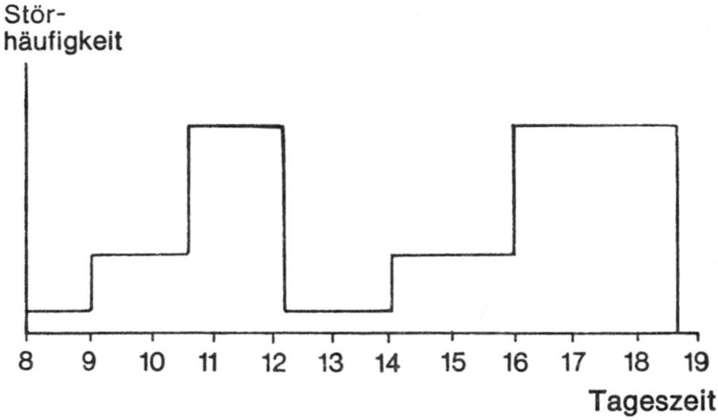

Versuchen Sie danach, einmal Ihre eigene „Störkurve“ aufzustellen und machen Sie einen Vergleich. Sie werden feststellen, daß dieser Verlauf durchaus typisch ist. Die Gründe dafür sind eigentlich sehr naheliegend. Die meisten unserer Kollegen kommen erst langsam am eigenen Schreibtisch in Schwung. Zunächst werfen sie einen Blick in die Post oder halten gar interne Postbesprechungen, dann ein kurzer Blick in die Presse und sonstige Informationsblätter, einige mehr oder weniger belanglose Gespräche mit Mitarbeitern und Kollegen u. dgl. Erst in der zweiten Phase beginnen sie, Vorgänge zu erledigen.

Je mehr Sie sich nun genauso verhalten wie die Mehrzahl Ihrer Kollegen, Mitarbeiter und Geschäftspartner, um so weniger kommen Sie zur Erledigung Ihrer eigentlich geplanten Aufgaben, um so mehr Dinge schieben sich noch spontan ein und um so mehr Zeit benötigen Sie aufgrund der vielen Unterbrechungen.

Natürlich müssen Sie es nicht gleich wie Napoleon machen, der total antizyklisch gearbeitet hat. Spezialarbeiten erledigte er grundsätzlich in der Nacht zwischen 2 und 4 Uhr (Grossmann). Aber vielleicht lassen Sie sich durch das „antizyklische Tagesprogramm" des Inhabers eines Einrichtungshauses anregen, der sich seine Zeit etwa so einteilt:

8.00–10.00	Arbeiten nach Tagesplan
10.00–15.00	Korrespondenz, Besprechungen, Vertreter, Informationen, Kontakte, Telefonate
15.00–16.30	ausgehende Post
16.30–18.30	Verkauf

Finden Sie also Ihre störfreieren Zeiten heraus, und stellen Sie Ihre Erledigungsphasen entsprechend um. Variationsmöglichkeiten gibt es genug. Eine Reihe von Führungskräften ermittelte z. B. die „Hochbetriebstage" im Wochenverlauf. Ein bis zwei Tage blieben dabei immer übrig, an denen das Hochbetriebspendel zurückging. Diese Tage blockierten sie, um Spezialarbeiten, Konferenzen u. ä. zu erledigen.

Einwände aus der Praxis

Einwand Nr. 1: „Die Messungen der physiologischen Leistungskurve widersprechen diesem Vorschlag. Die meisten Menschen brauchen morgens erst ihre Anlaufzeit."

Es gibt sicher „Morgen- und Abendmuffel". Tatsache ist auch, daß jeder Mensch seine Leistungshochs und -tiefs hat, und zwar im Tagesverlauf genauso wie im Wochen- und Jahresverlauf. Die Maxima und Minima schwanken ja gewöhnlich um die „biorhythmische" Durchschnittskurve (Peters, S. 85). Dies wird bestätigt durch zahlreiche Leistungsmessungen, aus denen sich die bekannte Leistungskurve ergibt:

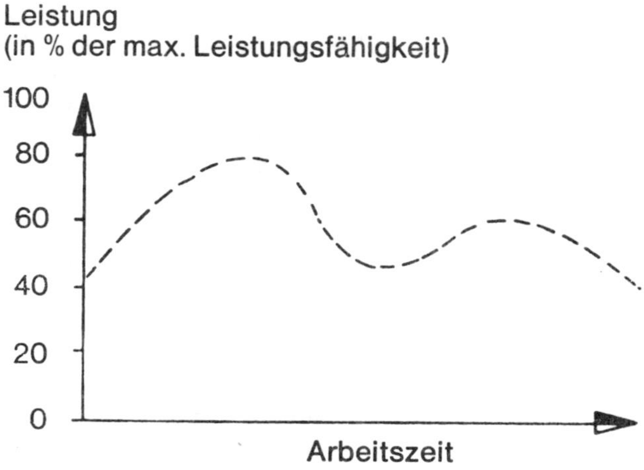

Dieser Kurvenverlauf ist zwar bereits die Konsequenz aus zahlreichen Faktoren, die die Leistung beeinflussen: beispielsweise die Art der Tätigkeit (macht sie Spaß), die Einstellung zur Arbeit, Leistungsbereitschaft, Ziele und Motivation, Umwelteinflüsse, eigene Arbeitsvorbereitung, körperliche Vorbereitung (Fitness), Pausenregelung, Ernährung usw.

Dennoch bedeutet antizyklisches Verhalten keineswegs, daß Sie die biorhythmischen Gegebenheiten außer acht lassen sollen. Sie sollten sich beispielsweise schwierige Aufgaben in der ersten Tagesphase nur vornehmen, wenn Sie wissen oder bald gefühlsmäßig ermitteln, daß Sie ein „Frührhythmiker“ (Peters, S. 86) sind. Wer dagegen meint, daß er sich in der ersten Phase des Vormittags noch nicht auf Vorgänge konzentrieren kann, die einen hohen persönlichen Einsatz verlangen, kann z. B. folgendes probieren:

Stehen auf dem Tagesplan eine Reihe von Telefonaten, so erledigen Sie als erstes diese Gespräche. Vielen fällt es am Morgen leichter zu telefonieren und Gespräche zu führen, als sich in Probleme zu vertiefen oder zu diktieren. Außerdem erwischt man in dieser Tagesphase die meisten Gesprächspartner am Schreibtisch viel leichter.

Wichtig ist nur, daß Sie Ihre Arbeitsreihenfolge ändern. Erledigen Sie zum Beispiel Aufgaben dann, wenn andere noch in der Vorbereitung sind. Sie bewältigen Ihre Arbeiten mit einem viel geringeren Kräfte- und Zeitverschleiß und vermeiden den psychisch enorm belastenden Faktor der Unterbrechungen und Störungen. Ob Sie sich dabei leichtere oder schwerere Aufgaben vornehmen, müssen Sie für sich selbst entscheiden, je nachdem, ob Sie ein Früh- oder Spätrhythmiker sind.

Einwand Nr. 2: „Zunächst muß ich morgens die Post durchgehen, damit sie auch entsprechend verteilt werden kann."

Wir wollen uns hier nicht eingehend mit Führungs- und Organisationsproblemen befassen, denn dies ist ein Problem der Delegation von Verantwortung und des Führungsstils. Bei einem nach dem Grundsatz der Delegation von Verantwortung geführten Betrieb landen auf dem Schreibtisch des Chefs nur Vorgänge, die seinen Aufgabenbereich betreffen. Der Chef liest nicht oder nur selten die Post seiner Mitarbeiter, Briefe gehen – ebenso wie Telefongespräche – direkt zu den Mitarbeitern. Wer nun beim herkömmlichen Verfahren bleibt, kann zwangsläufig die Vorteile des antizyklischen Arbeitens nicht voll nutzen.

Beobachten Sie aber einmal bei sich selbst, wieviel pure Neugierde mit im Spiel ist, wenn Sie als erstes einen Blick in die Post werfen, anstatt zunächst dringendere Geschäfte zu erledigen. Wir erleben es doch täglich in der eigenen Praxis, wie schwer es fällt, zunächst die geplanten Dinge zu erledigen und dann erst die neuen Vorgänge aus der Post zu erfassen. Daß es dennoch geht, bestätigte uns nach anfänglichen Bedenken der Geschäftsführer eines Büroorganisationsbetriebes: „Wenn am Morgen besondere Vorkommnisse anfallen, lege ich ja auch vielfach die Post bis 10 Uhr zurück. Warum sollte es dann nicht immer funktionieren?"

2. Telefonieren siegt vor Diktieren

Haben Sie schon einmal überlegt, wie unrationell es ist, einen Brief zu diktieren, anstatt den gleichen Vorgang per Telefon abzuklären? Machen Sie einen Test: Nehmen Sie einen Briefwechsel, zum Beispiel zur Erledigung einer schwierigen Reklamation. Überlegen Sie, wieviel Zeit man hätte einsparen können, wenn der Vorgang per Telefon geklärt worden wäre.

Wir wissen alle, wieviel Zeit und Geld verschwendet

wird, wenn vorhandene Rationalisierungshilfsmittel nicht oder nicht richtig eingesetzt werden. Es gibt immer wieder Ärger, wenn zum Beispiel eine Firma Diktiergeräte oder einen Fernschreiber anschafft und nur wenige Mitarbeiter davon Gebrauch machen. Nur im Managementbereich scheinen andere Gesetze zu gelten. Briefe werden selbst dann hin und her geschrieben, wenn die Probleme durch ein einziges Telefongespräch schneller gelöst werden könnten. Das Telefon ist das wichtigste Rationalisierungshilfsmittel in der Hand des Managers und wird dennoch unzureichend eingesetzt.

Strapazieren Sie Ihr Telefon mehr als Ihre Sekretärin

Bei jedem Vorgang sollten Sie sich automatisch überlegen: „Telefonieren oder Diktieren? Was geht schneller?" Das muß nach kurzem Training genauso blitzschnell ablaufen wie im Straßenverkehr die Überlegung „überholen – oder nicht?".

Kostenfanatiker werden natürlich jetzt gleich einwenden, daß die meisten Anstrengungen gerade dahin gehen, die Mitarbeiter anzuregen, weniger zu telefonieren. In unserer Praxis haben wir es auch selten erlebt, daß die Mitarbeiter aufgefordert wurden, das Telefon stärker einzusetzen. Die Appelle und Richtlinien, weniger zu telefonieren, überwiegen.

Sie sollten aber streng unterscheiden zwischen Mißbrauch des Telefons und sinnvollem, rationellem Einsatz. Die meisten Appelle richten sich gegen den Mißbrauch des Telefons in Fällen, bei denen eine kurze schriftliche Information genügt: bloße Durchgabe von Zahlen, Aufträgen, Bestellungen und dergleichen – Vorgänge also im normalen Sachbearbeiterbereich.

Wir sprechen jetzt aber von Ihrem Schreibtisch als Geschäftsführer, Abteilungsleiter und dergleichen, wo viele Vorgänge einen oft umfangreichen Briefwechsel auslösen: Terminabsprachen, Reklamationen usw. Überlegen Sie sich einmal, bei welchen Vorgängen in Ihrem Bereich oft mehrere Rückäußerungen notwendig sind.

Pluspunkte: Nicht nur Zeitersparnis

Was spricht bei komplexen Vorgängen für den Einsatz des Telefons?

1. Es geht garantiert schneller.

10 Minuten genügen im Durchschnitt, um komplexe

Vorgänge per Telefon abzuwickeln. Das sind immerhin vier bis sechs Vorgänge pro Stunde. Darin ist enthalten: Vorbereitung und anschließende Auswertung (Notiz oder stichwortartige Bestätigung).

2. Billiger als hin- und herdiktieren.

Eine Schreibmaschinenseite kostet, angefangen vom Diktat bis zum Versand, nachdem sie das Haus in verschiedenen Zwischenstationen durchwandert hat, im Durchschnitt zwischen 15,– und 17,– DM. Nun kalkulieren Sie einmal den Gesamtaufwand, wenn Sie, wie in vielen Fällen, die Rückantwort noch lesen und eventuell einen erneuten Brief diktieren müssen. Bei komplizierten Fällen setzt sich das Spiel ja noch fort. Wie lange können Sie von Köln nach Frankfurt allein für 17,– DM telefonieren? Wie viele Vorgänge könnten Sie in der Zeit erledigen, die Sie für einen kompletten Korrespondenzvorgang benötigen?

3. Sie werden viel weniger gestört.

Der Satz „Herr X spricht gerade" löst allgemein Respekt und Zurückhaltung aus. Anders ist es beim Diktieren.

4. Sie forcieren und erleichtern die Erledigung.

Briefe mit schwierigen Vorgängen werden vom Empfänger oft erst einmal auf die Seite gelegt. Sie wissen sicher selbst, wie lange Sie in vielen Fällen auf Antwort warten müssen – vielleicht auch selbst auf Antwort warten lassen. Am Telefon werden Vorgänge sofort erledigt. Sie haben sofort das Ergebnis. Denken Sie auch einmal an den psychischen Entlastungseffekt.

5. Der Kontakt zu Ihren Partnern wird besser.

Der Briefstil ist oft schwerfällig, nüchtern, sachlich. Am Telefon sind wir und unsere Gesprächspartner netter, persönlicher und kontaktfreudiger. Probleme lösen sich nicht nur schneller, sondern auch besser. Ihre persönlichen Verbindungen und Bindungen werden verbessert. Konsequenz: Langwierige, schriftliche Bestätigungen können Sie sich ersparen oder im gegenseitigen Einvernehmen stichwortartig abfassen. Sie können sich darauf verlassen, unsere eigene Praxis bestätigt das laufend.

6. Mehr Schwung und mehr Spaß.

Es gibt Gesprächs- und Schreibtypen. Die meisten Manager sind Leute des Gesprächs. Am Telefon entfällt alles Schwerfällige, was das Diktieren oft aufhält. Kontrollieren Sie einmal bei sich selbst, ob Sie lieber zum Telefon oder zum Diktiergerät greifen.

7. Mißverständnisse können Sie sofort bereinigen.

8. Der Aufwand an Schreib- und Sekretariatspersonal nimmt um 50 Prozent und mehr ab.

Rationeller Umgang mit dem Telefon

Rationelles Telefonieren will gelernt sein, nicht nur mit Rücksicht auf die Kosten, sondern auch im Hinblick auf den Ärger, der oft entsteht, wenn der Partner nicht sofort zu erreichen ist. Halten Sie sich deshalb an acht bewährte Regeln:

1. Telefonieren Sie antizyklisch!

Außerhalb der Hochbetriebszeiten haben Sie die größte Chance, Ihre Partner ohne lange Geduldsproben zu erreichen. Am günstigsten sind dafür die Zeiten 8 bis etwa 9.30 Uhr, 13 bis 14 Uhr und etwa ab 16.30 Uhr. Durch verschiedene Tests haben wir festgestellt, daß sich in den übrigen Phasen die Erledigungszeiten etwa verdoppeln und die Partner nur in etwa 50 Prozent der Fälle sofort greifbar sind. Wählten wir die genannten Zeiten, so gingen vor allem bei Ferngesprächen die Kosten deutlich zurück, da sich die internen Durchstellzeiten bei den Geschäftspartnern erheblich verkürzten.

2. Telefonieren Sie serienweise!

Machen Sie es sich zur Gewohnheit, in einem Durchgang erst alle Telefonate Ihres Tagesplanes zu erledigen. So zwingen Sie sich automatisch, Ihre Gespräche kürzer zu halten. Sie werden durch hereinkommende Telefonate viel weniger gestört, denn Sie blockieren ja Ihre eigene Leitung. Und schließlich kommen Sie in Gesprächsschwung. Sie brauchen sich nicht jedesmal neu einzustimmen.
Sie können dieses Prinzip auch auf einen halben oder ganzen Tag ausdehnen. An Ihrem Telefontag greifen Sie alle Vorgänge aus Ihrer Aufgabenliste heraus, die sich telefonisch erledigen lassen.

3. Schalten Sie Ihre Sekretärin stärker ein!

Geben Sie ihr am Vormittag Ihren Tagesplan mit der Bitte, als erstes alle Telefonverbindungen nacheinander herzustellen. Damit zwingen Sie sich indirekt zur Serienproduktion und Sie können die Gespräche zwischenzeitlich vorbereiten.

4. Kündigen Sie Ihre Gespräche exakt an!

In 90 Prozent unserer Testanrufe hielten sich die Gesprächspartner am Schreibtisch bereit, wenn wir vorher den genauen Anrufzeitpunkt entweder direkt oder über die Sekretärin bekanntgegeben haben. Konsequenzen: Zeitersparnis, niedrigere Kosten, Vorgänge wurden schnell erledigt.

Achten Sie aber darauf, daß Sie den Zeitpunkt Ihres Anrufes exakt nennen: „Ich werde um 14 Uhr anrufen!" Bei ungenauen Angaben wie „Ich rufe am Nachmittag an" können Sie nicht erwarten, daß sich Ihr Gesprächspartner die ganze Zeit über für Sie zur Verfügung hält. Schließlich ist er – wie Sie – stark beschäftigt.

5. Notieren Sie sich immer die Durchwahl-Nummer!

Gehen Sie einmal Ihr Adressenverzeichnis oder das Adressenverzeichnis eines Ihrer Mitarbeiter durch und stellen Sie fest, in wieviel Prozent der Fälle, bei denen Durchwahl möglich ist, die Angaben fehlen. Holen Sie das am besten sofort nach! Denn fehlende Durchwahl bedeutet: Längere Wartezeiten, Ärger und Nervosität, etwa 30 Prozent mehr Kosten. Klären Sie ab sofort – am besten am Ende jedes Gespräches – unter welcher Durchwahl-Nummer Ihr Gesprächspartner zu erreichen ist. Das verstärkt übrigens auch den Kontakt, denn normalerweise ist er stolz, sie Ihnen geben zu können.

6. Klären Sie die besten Anrufzeiten ab!

Jeder Geschäftspartner ist Ihnen dankbar, wenn Sie ihn nicht im Arbeitsablauf stören. Bestimmt schätzen Sie auch Leute besonders, die auf Ihren Arbeitsablauf Rücksicht nehmen. Deshalb sollten Sie, am besten auch am Ende eines Telefonates oder bei persönlichen Gesprächen, einmal abklären, wann Anrufe am günstigsten sind. Die Gespräche werden nicht nur angenehmer und freundlicher. Sie sparen auch Zeit und Kosten, denn die Wahrscheinlichkeit, daß Sie Ihren Partner antreffen, ist viel größer.

7. Bereiten Sie Gespräche besser vor!

Daß Sie benötigte Akten und Unterlagen bereithalten, sollte eigentlich selbstverständlich sein. Häufig kommt es jedoch vor, daß unter dem Zeitdruck eines Telefonats wichtige Punkte oder Fragen einfach vergessen werden. Vieles fällt uns ohne eine gute Vorbereitung erst nach den Gesprächen ein. Erneute Anrufe, erneuter Zeitaufwand, oft doppelte

Kosten sind die Folge. Bewährt hat es sich, wenn Sie auf einem Blatt die wichtigsten Fragen in dem Abstand notieren, daß Sie die zugehörigen Antworten sofort einfügen können.

8. Visualisieren Sie die Kosten!

Ihre Gesprächszeiten werden garantiert kürzer, wenn Sie die Kostenentwicklung sofort sehen. Das kennt sicher jeder von uns aus Gesprächen in öffentlichen Telefonzellen oder vom Hotel aus. Schaffen Sie sich deshalb am besten Telefonapparate mit eingebautem Einheitenzähler an. Der ständige stille Appell, sich kürzer zu fassen, zwingt zum rationellen Umgang mit dem Telefon.

3. Korrespondenz: Geschwindigkeit vor Schönheit

Beginnen wir wieder mit einem Test. Nehmen Sie die Ausgangspost des heutigen Tages. Stellen Sie einmal fest, in wie vielen Fällen ein ausführliches Antwortschreiben überflüssig war. Wo hätte zum Beispiel eine handschriftliche Antwort auf dem Eingangsoriginal oder ein Begleitzettel genügt? Warum wird noch so viel und so ausführlich diktiert, obwohl es wesentlich rationellere Wege gibt? Im internen Bereich hat sich ja in vielen Firmen einiges durchgesetzt.

Räumen Sie mit Vorurteilen gründlich auf

Es sind einfach überkommene Vorstellungen und Ängste mit im Spiel. „Ein Brief ist die Visitenkarte eines Unternehmens!" Wer kennt nicht diesen Satz? Er stimmt auch für Briefe, die unbedingt notwendig sind. Das Image eines Unternehmens hängt unter anderem von Form und Inhalt seiner Korrespondenz ab. Aber Schönheit ist heute nicht mehr der alleinige Imagefaktor. Ein Unternehmen wird auch danach beurteilt, wie schnell, unkonventionell und zuverlässig es seinen Geschäftsverkehr abwickelt. Deshalb können Sie also ruhig davon ausgehen, daß unkonventionelle Formen akzeptiert, ja sogar begrüßt werden. Geschwindigkeit wird immer mehr zum Imagefaktor Nr. 1.

Ängstliche Fragen wie: Wird es der Partner nicht als unhöflich ansehen? Denkt er vielleicht, wir könnten uns keine Sekretärinnen leisten? Wie wird er überhaupt reagieren? kommen einfach von überholten Vorurteilen. Wenn unsere Geschäftspartner feststellen, daß wir schnell und zuverlässig arbeiten, garantiert schneller, als sie es von der Mehrzahl unserer Kollegen gewohnt sind, dann akzeptieren sie auch rationelle Formen.

Diktieren Sie so wenig wie möglich

Nehmen Sie sich das in Zukunft konsequent vor. Bevor Sie zur Beantwortung von Briefen gewohnheitsmäßig zum Diktiergerät greifen oder Ihre Sekretärin zum Stenogramm bitten, sollten Sie automatisch drei Fragen überlegen:

1. Genügt ein Vermerk auf dem Original?

Wenn ja, tun Sie es! „Einverstanden" oder ähnlich kurze handschriftliche Vermerke auf dem Original genügen oft. In einigen, aber bei weitem nicht in allen Fällen, behalten Sie eine Fotokopie für Ihre Unterlagen, das Original verläßt sofort Ihren Schreibtisch.

2. Reicht ein Kurzbrief-Begleitblatt?

Sie kreuzen darauf nur an, was Sie mitteilen wollen: Zur Kenntnisnahme, Erledigung, Prüfung, Verbleib, Rückgabe, Stellungnahme, Weitergabe usw. Schicken Sie einfach das erhaltene Originalschreiben mit Ihrem kurzen handschriftlichen Vermerk auf dem Begleitzettel zurück.

3. Mit kurzem Anruf zu beantworten?

In etwas komplizierteren Fällen können Sie durch einen Anruf mehrere Dinge auf einmal klären. Dann ist aber ein Anruf in der Mehrzahl der Fälle immer noch schneller erledigt als ein Diktat.

Versenden Sie Unterlagen nur mit Begleitzetteln

Statt umständlicher Begleitschreiben genügt es, wenn Sie auf den erwähnten Begleitzetteln oder Ihrer Visitenkarte eine handschriftliche Bemerkung anbringen. Persönliche Grüße können Sie jederzeit handschriftlich hinzufügen. Es wird von Praktikern immer wieder bestätigt, daß dies den Kontakt zum Empfänger sogar noch verstärkt.

Überlegen Sie, wieviel Zeit Sie allein mit diesen Vorschlägen gewinnen. Wenn Sie pro Tag allein zehn Vorgänge so abwickeln, können Sie bereits eine halbe bis eine Stunde einsparen. Bei zehn Vorgängen brauchen Sie zur Formulierung der

Antwort insgesamt etwa 2,5 Minuten (pro Vorgang im Durchschnitt nicht mehr als 15 Sekunden). Diktieren Sie dagegen zehn Antwortbriefe mit den üblichen Begleitfloskeln, ergibt das mindestens 30 Minuten, wenn Sie von drei Minuten pro Vorgang ausgehen. Rechnen Sie die Zeit für Störungen, Unterbrechungen, Unterschreiben hinzu, so kommen Sie leicht in die Nähe von einer Stunde. Wenn Sie jetzt noch die Zeit hinzuzählen, die Ihre Sekretärin für zehn Briefe benötigt, so kommen Sie auf die Gesamtzeit, die Sie und Ihr Unternehmen heute benötigt und die Sie ohne weiteres einsparen können.

Geben Sie Antworthilfen

Erwarten Sie umgekehrt kurze, aber schnelle Antworten auf Ihre eigene Korrespondenz, so verfahren Sie am besten nach dem Grundsatz: Dem Partner soweit wie möglich Arbeit abnehmen! Damit erleichtern Sie sich auch Ihre eigene Arbeit beim Lesen der Antwort, die Sie erhalten. Je mehr sich Ihre Geschäftspartner Zeit nehmen oder sich konzentrieren müssen, um Ihre Anfragen zu beantworten, um so größer ist die Gefahr, daß sie aus Zeitmangel Ihre Briefe zunächst auf die Seite legen und sich mit der Beantwortung Zeit lassen. Unangenehmes schieben viele gern vor sich her.
Machen Sie deshalb folgendes:

1. Schicken Sie Ihre Briefe in zwei Exemplaren!

Am besten erwähnen Sie im Text: „Ich freue mich, wenn Sie der Einfachheit halber die beigefügte Kopie für eine kurze, eventuell handschriftliche Stellungnahme verwenden." Wir haben in unserer eigenen Praxis festgestellt, daß davon gern Gebrauch gemacht wird.

2. Lassen Sie Raum für die Beantwortung!

Am besten lassen Sie Ihre Briefe nur halb beschreiben. Vielleicht fügen Sie im Text hinzu: „Verwenden Sie bitte den freien Raum für Ihre Antwort bzw. Ihre Stellungnahme." Oder schreiben Sie einfach über den freien Raum: „Meine Stellungnahme: . . ."

3. Regen Sie zur Kurzantwort an!

Fügen Sie im Text hinzu: „O. k. genügt" oder „Einverstanden genügt" oder „Eine stichwortartige Antwort genügt". Sie werden schneller informiert, denn Sie helfen, umständliche Formulierungen zu vermeiden.

Stimmen Sie sich mit Ihren Geschäftspartnern ab

Ergreifen Sie die Initiative zur rationelleren Korrespondenzabwicklung. Je häufiger Sie im direkten Gespräch erwähnen, daß lange Briefe nicht notwendig sind, um so mehr stellen sich Ihre Geschäftspartner darauf ein. Betreiben Sie ruhig sanfte Erziehungsarbeit. Erwähnen Sie, daß sie sich die Arbeit gegenseitig erleichtern wollen.

Viele Briefe, die heute diktiert werden, sind überflüssig und kosten unnötige Zeit. Vieles von dem, was in diesem Augenblick aus Zeitmangel auf die Seite geschoben wird, könnte sofort erledigt werden und Korrespondenzpartner müßten nicht Tage und Wochen auf die Antwort warten. Auch Sie könnten viel schneller Ihre Antworten erhalten, wenn Ihre Geschäftspartner ihre Korrespondenz rationeller erledigen würden. Ein Brief ist in der Mehrzahl der Fälle die zeitraubendste Form der Erledigung.

Wenn Sie Ihre herkömmlichen Vorurteile und Vorstellungen gründlich abbauen und Ihre Geschäftspartner systematisch an Geschwindigkeit und damit verbundene unkonventionelle Formen gewöhnen, ist eine Umstellung ohne weiteres möglich.

Sicher gibt es Fälle, wo aus juristischen oder Repräsentationsgründen oder wegen des inhaltlichen Umfanges Briefe notwendig sind. Das steht außer Zweifel. Aber, um dafür Zeit zu gewinnen, sollten Sie in allen anderen Fällen so kurz und so rationell wie möglich arbeiten. Die Vorteile sind offensichtlich: Sie gewinnen wertvolle Zeit. Schnelle Erledigung macht oft einen besseren Eindruck als schöne Briefe. Je länger Post liegenbleibt, um so mehr benötigen Sie Zeit für umständliche Entschuldigungsfloskeln. Je rationeller Sie vorgehen, um so geringer werden Ihre Arbeitsrückstände. Ihre psychische Belastung nimmt ab.

4. Wie Sie Besprechungen kürzen

Wieviel Prozent Ihrer Zeit brauchen Sie für Gespräche? Die Angaben schwanken zwischen 50 Prozent (Untersuchung des MANAGER MAGAZINS 10/72) und 80 Prozent (Mackenzie, S. 93). Unsere eigenen Befragungen haben zum Beispiel für den Bereich Handel Werte zwischen 70 und 80 Prozent ergeben. Stellen Sie am besten einmal selbst zusammen, wieviel Zeit Sie im Durchschnitt für Gespräche mit

- Mitarbeitern
- Kollegen
- Vorgesetzten
- Geschäftspartnern
- Gremien, Verbänden, Vereinen
- Telefonate
- Arbeitsessen

benötigen. Eines steht fest: Die Hälfte der in vielen Besprechungen investierten Zeit wird verschwendet. Überlegen Sie einmal, wieviel Zeit Sie allein hier gewinnen könnten.

Mangelhaftes Zeitgefühl

Im Gespräch verlieren die meisten das Zeitgefühl. Fragen Sie probehalber einmal einen Ihrer Mitarbeiter oder Ihre eigene Ehefrau nach einem längeren Telefongespräch, wie lange das Gespräch wohl gedauert haben mag. Sie werden feststellen, daß die Schätzungen bis zu 50 Prozent zu niedrig sind. Vergleichen Sie auch einmal Ihre Telefongespräche in öffentlichen Fernsprechzellen mit Gesprächen am eigenen Apparat zu Hause. Sie sagen unter dem sanften Druck der klickenden Münzen das gleiche in mindestens der Hälfte der Zeit. Das Zeit- und Kostengefühl, das in den übrigen Gesprächen fehlt, ist offenbar direkt angesprochen.

Setzen Sie sich freiwillig unter Druck

Arbeiten Sie mit dem Telefonzelleneffekt. Ein Gespräch dauert immer so lange, wie Sie Zeit zur Verfügung stellen. Lösen Sie sich von dem Irrtum, daß man Gespräche allein aus Höflichkeitsgründen nur schwer abkürzen könne. Jedes Gespräch, auch Verkaufsgespräche, können Sie ohne Schaden abkürzen. Sie sollten es sogar tun, denn je mehr Ihre Geschäftspartner ermüden, um so mehr läßt ihre Entscheidungsfreudigkeit nach. Man soll das Eisen schmieden, solange es heiß ist!

1. Legen Sie immer Ihre Uhr auf den Tisch!

In der richtigen Form praktiziert, ist das der einfachste, aber sicherste Weg, um sich selbst unter Kontrolle zu bringen. So können Sie die Zeit nie mehr übersehen. Die Gefahr, sich zu zerreden, wird automatisch abgebaut. Untersuchungen haben ergeben, daß Sitzungen allein dadurch um 25 Prozent kürzer werden. Machen Sie das am Schreibtisch ebenso wie in Besprechungen. Wir haben festgestellt, daß die meisten Gesprächspartner positiv reagieren. Sie merken, daß die Gespräche kürzer werden und daß die abgesprochene Zeit eingehalten wird. Schließlich sind Sie ja auch für jede gewonnene Minute dankbar.

Natürlich können Sie auch mit Wanduhr, Tischuhr oder wie das Vorstandsmitglied eines Kaufhauskonzerns mit einer Konferenzuhr mit drei Zifferblättern arbeiten. Sanduhren sind Geschmacksache. Armbanduhren mit Wecker haben den Vorteil, daß Sie das akustische Signal auf keinen Fall übergehen. Wir haben damit selbst ungezählte Gespräche humorvoll abschließen können und so viel Zeit gespart.

2. Einigen Sie sich am Anfang auf den Zeitbedarf!

„Was schätzen Sie, wie lange wir uns für unser Thema Zeit nehmen sollten?“ oder „Wieviel Zeit können Sie sich denn nehmen?“ Mit solchen Fragen schaffen Sie bei sich und Ihrem Gesprächspartner die nötige Zeitvorstellung, die sich besser einprägt und deshalb auch leichter eingehalten wird. Außerdem verbessern Sie damit den Kontakt, weil Sie eine gemeinsame Interessenlage ansprechen.

3. Machen Sie eine Tagesordnung nach dem MENÜ-Verfahren!

Wenn mehrere Punkte auf dem Besprechungsprogramm stehen, sollten Sie immer den Zeitbedarf pro Punkt abschätzen. Bei vielen Gesprächen wird die vorgesehene Gesamtdauer allein deshalb überzogen, weil man sich nicht auf eine sinnvolle Zeiteinteilung geeinigt hat. Wir haben diese bittere Erfahrung selbst lange Zeit gesammelt. Heute stellen wir immer auf einer Tafel oder einem Flip-Chart die Tagesordnung nach dem MENÜ-Verfahren zusammen. Das hat den Vorteil, daß jeder Gesprächsteilnehmer bereits zu Beginn auf die Zeiteinhaltung eingestimmt wird. Das Verfahren läuft wie bei der Tagesplanung. Streichen Sie Punkte, zu denen Sie voraussichtlich nicht mehr kommen werden, konsequent durch, oder kürzen Sie einfach die Zeiten, die Sie für einzelne Punkte vorgesehen haben. Erst dann sollte die Besprechung beginnen. Das dauert nicht länger als 10 Minuten, aber diese 10 Minuten lohnen sich. Es gelingt Ihnen leichter,

Gespräche pünktlich zu beenden. Sorgen Sie aber radikal dafür, daß die vorgesehenen Zeiten auch eingehalten werden.

Ziehen wir eine Zwischenbilanz: Mit sichtbarer Uhr, zeitlicher Einigung und MENÜ-Planung können Sie Ihr Zeitgefühl und das Ihrer Gesprächspartner wirksam verbessern. Sie üben freiwillige Selbstdisziplin und konzentrieren sich automatisch auf das Wesentliche. Überflüssige Zeitverschwendung schalten Sie aus. Werden Sie aber bitte nicht zum „Sekundenzeigerfetischisten" (Lakein, S. 17). Bleiben Sie flexibel und behalten Sie Ihre Großzügigkeit, ohne in den alten Schlendrian zurückzufallen. Flexibilität und Großzügigkeit können Sie sich aber erst dann in aller Ruhe und ohne Zeitdruck leisten, wenn Sie bei der Mehrzahl der Gespräche mit unseren Vorschlägen Zeit gewinnen.

Steuern Sie Gespräche systematisch

Neben diesen Vorbereitungsmaßnahmen haben Sie noch eine Reihe von Möglichkeiten, um im Verlauf der Gespräche die Diskussion rationell zu steuern und Zeitverschwendung zu vermeiden. Vergegenwärtigen Sie sich nur einmal, daß der zunehmende Trend zur Diskussion, zum Teamwork und zur Mitbestimmung Sie förmlich zwingt, Ihren Zeitetat in Gesprächen rationell einzuteilen.

1. Visualisieren Sie Besprechungspunkte und Beiträge!

Eine Besprechung, bei der die Teilnehmer nicht sehen, was besprochen wird und was bereits erarbeitet wurde, dreht sich leicht immer wieder im Kreis. Ein zeitraubendes Verfahren! Sicher kennen Sie das zur Genüge. Halten Sie deshalb immer Tafel, Flip-Chart oder auch Overhead-Projektor bereit! Ein großes Blatt Papier an die Wand geheftet, tut es auch. Schreiben Sie jeden Besprechungspunkt, vor allem aber das jeweils konkret formulierte Problem für alle sichtbar auf. Die Teilnehmer schweifen viel weniger vom Thema ab, und Sie können sie unter Hinweis auf das Thema ohne weiteres wieder zurückführen. Auch alle Beiträge sollten Sie in Stichworten sofort festhalten. Die Teilnehmer brauchen sich nicht ständig zu wiederholen, um das Gefühl zu bekommen, daß sie auch verstanden wurden.

2. Einigen Sie sich auf einen „Linienrichter"!

Er hat die Aufgabe, Störungen von außen abzufangen und zurückzustellen. Eine Besprechung in der Zentrale eines bekannten Filialunternehmens wurde während der ersten halben Stunde durch 12 Telefonate unterbrochen. Fünf teure Gesprächsteilnehmer saßen ständig da und warteten. Dann einigte man sich nach unserem Vorschlag auf einen „Linienrichter", der seine Aufgabe mit viel Humor, aber auch mit Hartnäckigkeit wahrnahm. Er fing in der folgenden Stunde 15 Anrufe auf. Die Sitzung konnte so in der vorgesehenen Zeit beendet werden. Ohne diese Regelung hätte sie bestimmt etwa eine Stunde länger gedauert. Zeitersparnis: 5 Personalstunden.

3. Arbeiten Sie mit rationellen Ideenfindungsmethoden!

Brainstorming, Methode 635 und morphologische Analyse sind Methoden, mit denen Sie in Besprechungen die Suche nach Problemlösungen erheblich verkürzen können. (Vgl. hierzu in der gleichen Buchreihe Hans/Schömbs: Ideen entwickeln, Probleme lösen, Maßnahmen vorbereiten.) Nur ein Beispiel: Eine richtig durchgeführte 635-Sitzung bringt in einer halben Stunde oft bis zu 50 Ideen. Vergleichen Sie das einmal mit herkömmlichen Sitzungsergebnissen.

4. Fassen Sie möglichst oft zusammen!

Innerhalb von 10 Minuten wird oft sehr viel gesagt. Je mehr die Diskussion weiterläuft, um so häufiger wiederholt man sich. Fassen Sie zusammen, so arbeiten Sie das Wichtigste heraus, Sie versachlichen und schließen Teilpunkte ab. Beobachten Sie zum Beispiel einmal erfolgreiche Diskussionsleiter im Fernsehen, wie oft sie es mit diesem Mittel schaffen, die vorgegebenen harten Sendezeiten einzuhalten.

5. Formulieren Sie Ihre Fragen konkret!

„Äußern Sie einmal zum Thema Gleitzeit Ihre Meinung!" verleitet zu allen möglichen, zeitraubenden und langwierigen Diskussionen. „Welche Vorteile würden sich für unsere Mitarbeiter durch die Einführung der Gleitzeit ergeben?" zwingt zu konkreten, sachlichen Äußerungen. Sie kommen viel schneller zu den wesentlichen Aspekten.

6. Machen Sie systematisch Pausen!

Vor allem bei längeren Sitzungen sollten Sie in Stundenabschnitten arbeiten mit jeweils einer kurzen

10-Minuten-Pause (vgl. S. 61 ff.). Das regt erstens dazu an, Teilprobleme innerhalb eines Stundenblocks zu beenden. Die Probleme werden nicht unnötig in die Länge geredet. Zweitens stellen wir immer wieder fest, daß viele Auseinandersetzungen, über die man sich in der Hitze des Gespräches die Köpfe lange heiß geredet hätte, sich in der entspannenden Atmosphäre der Pause in Luft auflösen. Eine 10-Minuten-Pause erspart oft eine halbe Stunde Diskussion.

Wir wissen, daß es nicht leicht ist, alle Punkte laufend zu beachten. Sicher haben Sie das eine oder andere auch bisher schon gemacht, haben es inzwischen aber wieder vernachlässigt. Legen Sie sich deshalb einmal ein Blatt mit den wichtigsten Punkten an und legen Sie es an die Stelle, wo Sie bei Gesprächen am häufigsten hinschauen. Seien Sie Vorbild. Und bedenken Sie: nicht nur Sie, sondern auch Ihre Gesprächspartner sind für jede kürzere Besprechung dankbar.

5. Stellen Sie auf Serienproduktion um

Im Rahmen der Telefontechnik sprachen wir schon vom serienweisen Telefonieren. Die Begriffe Einzel- und Serienfertigung stammen aus der industriellen Fertigung. Einzelfertigung bedingt, daß Mensch, Maschine und die dazugehörigen Abläufe von Stück zu Stück neu eingestellt werden müssen. Die Auflage einer Produktionsserie bringt dagegen gleichbleibende Verhältnisse für die jeweilige Gesamtserie und damit arbeitsmäßige Vereinfachungen. Der Zeitaufwand für Vorbereitungen und Umstellung auf das nächste Stück wird erheblich reduziert oder gar eingespart. Wesentliche Arbeitserleichterungen sind die Folge.

Auch am Schreibtisch wird oft bereits einiges in Serie bearbeitet. Sicher haben Sie Ihre regelmäßige Poststunde, in der Sie sich auf die Serie der hereinkommenden Post konzentrieren. Wahrscheinlich haben Sie auch Ihre Unterschriftszeit, in der Sie in einer Serie Ihre Korrespondenz unterschreiben. Nur was liegt dazwischen? Wie erledigen Sie Ihre sonstigen, das heißt Ihre eigentlichen Aufgaben? Springen Sie auch wie die meisten Ihrer Kollegen vom Telefonat zum Diktat, wieder zurück zum Telefon, dann Unterbrechungen durch Mitarbeiter, wieder ein Anruf, jetzt lesen Sie schnell eine wichtige Information, ein Einfall, Sie diktieren sofort, dabei fällt Ihnen ein, Sie wollten doch noch Ihren Steuerberater anrufen. Ständige Spontanreaktionen und Umstellungen. „Zum Verrücktwerden ist das!" hört man nicht selten. Jetzt holen Sie schnell einen Mitarbeiter zur Besprechung usw. Das nennt man Einzelfertigung, aufreibend, unrationell.

Verschiedene Möglichkeiten

Hauptursache für dieses aufreibende Spiel ist das ungezügelte, spontane Reagieren. Dann die weitverbreitete Einstellung, daß alles sofort erledigt werden müsse, teils aus Furcht, vieles zu vergessen, teils aus der irrigen Meinung, damit den Schreibtisch leer zu bekommen. Haben Sie aber jemals erlebt, daß damit Ihr Schreibtisch und auch Ihr Kopf wirklich frei wurde? Laufend kommen neue Dinge hinzu, und das Spiel beginnt von neuem.

Führungskräfte kommen zwar oft durch ihre Fähigkeit, spontan und schnell zu reagieren, zu ihren Erfolgen. In ihrer Arbeitsweise führt die gleiche Spontaneität jedoch zu erheblichen Belastungen und zu unrationellen Verhaltensweisen.

1. Variante A

Der Idealfall ist die Serienbildung nach der Art der Erledigung:

- Telefonieren
- Diktieren
- Besprechungen
- Lesen.

Erst eine Phase, in der Sie alle Telefonate erledigen, in einer anderen Phase diktieren Sie die Post usw. Wenn Sie zwischendurch von außen gestört werden, tut das Ihrer Technik keinen Abbruch, denn nach der Unterbrechung können Sie ja zum Beispiel wieder bei den Diktaten weiterfahren. Das bringt erhebliche Vorteile. Sie müssen sich nicht jedesmal neu umstellen, und Sie arbeiten mit Sicherheit konzentrierter und rationeller. Sie gewinnen Zeit. Außerdem bringen Sie mehr Ruhe und Souveränität in Ihren Arbeitsablauf. Sie arbeiten entspannter und lockerer.

Dabei ist jedoch eines notwendig: Bei den Dingen, die auf Sie zukommen, Einfälle, Korrespondenz, Zusagen usw., müssen Sie kurz „schalten" und prüfen: „Hat es Zeit bis später, wenn ich zum Beispiel meine Telefonate erledige?"

Dies soll nicht heißen, daß Sie nicht auch zwischendurch einmal etwas erledigen, was unbedingt Vorrang hat. Außerdem sollten Sie immer Ihren Tagesplan griffbereit haben, damit Sie zum Beispiel Telefonate für die spätere Erledigung sofort notieren können. Ideal sind auch Sortierkörbchen bzw. -mappen, in denen Sie die Unterlagen und Notizen sammeln, und zwar geordnet nach: „T" für Telefonate, „D" für Diktate, „B" für Besprechungen, „L" für Lesevorgänge. Körbchen haben sicher den Vorteil, daß sie Unerledigtes visualisieren und stärker an die Erledigung erinnern, als zum Beispiel Hängemappen. Das sollten Sie aber je nach eigener Einstellung entscheiden.

2. Variante B

Eine Reihe von Geschäftsleuten, die wir beraten haben, teilen heute ihre Serien nach der Erledigungsdauer je Vorgang ein und trennen nach

– „Blitzvorgängen" und
– „Intensivvorgängen".

Blitzvorgänge wie Telefonate und kurze Diktate können in 5 bis 10 Minuten erledigt werden. Störungen und Unterbrechungen von außen beeinträchtigen daher die Erledigung nur wenig. Diese Vorgänge werden als Serie in der Zeit des Hochbetriebs und der hohen Störhäufigkeit eingeplant.

Unter den Intensivvorgängen werden zunächst alle Vorgänge gesammelt, die ein konzentriertes, möglichst störfreies Arbeiten von längerer Dauer, eine halbe Stunde und mehr, erfordern (EDV-Auswertungen, Erfolgsrechnungen usw.). Diese Serie erledigen Sie dann nacheinander in den störarmen Zeiten, in der frühen Phase des Vormittags, unmittelbar nach der Mittagspause oder häufig in der letzten Phase des Nachmittags.

Es ist nicht notwendig, daß Sie solche Serien täglich einplanen. Das hängt von Ihrem Bedarf ab. Lassen Sie uns an einigen Beispielen zeigen, welche Variationsmöglichkeiten Sie haben.

Schalten Sie zum Beispiel wie der Chef eines Bekleidungshauses nur an zwei Tagen der Woche eine Diktierphase ein. Dazwischen erledigen Sie nur das, was unter allen Umständen keine Zeit hat bis zur nächsten Serie.

Der Geschäftsführer eines größeren Hauses hat sich einen Tag in der Woche reserviert, an dem er alle Besprechungen durchführt, die bis dahin aufschiebbar sind. Seine Mitarbeiter haben sich nach gemeinsamer Absprache darauf eingestellt. Sie bekommen die „gelbe Karte“ gezeigt, wenn sie an anderen Tagen mit aufschiebbaren Themen kommen.

Ein bekannter Unternehmer sammelt sämtliche Fachzeitschriften, Bücher und nicht tagesbezogene Informationsunterlagen in einer Mappe „Lesen“. Diese Mappe begleitet ihn bei seinen regelmäßigen Geschäftsreisen in der Bahn und im Flugzeug. Gerade das serienmäßig zusammengefaßte Lesen, so berichtet er, hilft Zeit sparen. Denn er muß oft nur noch effektiv die Hälfte lesen, weil über vieles doppelt berichtet wird, und weil er durch das konzentrierte Lesen besser erkennt, was wichtig ist.

Legen Sie Erledigungszeiten fest!

Sie sollten sich aber, wie in allen gezeigten Beispielen, für die Erledigung Ihrer Serien feste Erledigungszeiten vornehmen. Gerade der fest eingeplante Zeitblock zwingt zur Aktivität. Und Sie reagieren bei Aufgaben, die auf Sie zukommen, viel serienbewußter. Sie stellen das, was Zeit hat, leichter bis zum nächsten Serientermin zurück. Doch gilt auch hier der Grundsatz:

Keine bürokratische Starrheit! Brandeilige Vorgänge erledigen Sie selbstverständlich sofort. Und notfalls planen Sie einmal ad hoc einen ganzen Vormittag ein, an dem Sie eine Serie beispielsweise von Diktaten in einem Durchgang erledigen.

Zusammenfassung zu Punkt 2

Sie können bei der Erledigung Ihrer Geschäftsvorfälle etwa 50 Prozent Zeit sparen, wenn Sie beginnen

1. *antizyklisch zu arbeiten,*
2. *das Telefon so oft wie möglich zu verwenden,*
3. *nur noch im Notfall Briefe zu diktieren, sonst aber Briefe unkonventionell zu bearbeiten,*
4. *Besprechungen mit der Uhr zu begrenzen und systematisch zu steuern,*
5. *von der Einzelproduktion zur Serienproduktion am Schreibtisch überzugehen.*

Punkt 3: Umwelt erziehen

Störungen durch Dritte sorgen dafür, daß Tagespläne nicht eingehalten und deshalb oft für überflüssig gehalten werden; daß Besprechungen doppelt so lange dauern wie geplant; daß aus Acht-Stunden-Tagen Zehn- und Zwölf-Stunden-Tage werden; daß wichtige Arbeiten erst nach Feierabend in Angriff genommen werden; daß Chefs keine Pausen machen können wie sie wollen; und vor allem, daß die ohnehin anstrengende Tagesarbeit von zusätzlichen psychischen Belastungsfaktoren wie Ärger und Spannungen begleitet wird. Störungen sind für die meisten Chefs psychischer Belastungsfaktor Nr. 1, nicht die Arbeit selbst.

Störungsursachen

Störungsursache Nr. 1: Keine Einigung

„Niemand erwartet, daß ein Arzt oder Chirurg während einer Untersuchung oder Operation ans Telefon geht. Niemand erwartet von einem Rechtsanwalt, während einer Gerichtsverhandlung ans Telefon zu gehen. Niemand erwartet, daß ein Professor während seiner Vorlesung ans Telefon geht. Warum sollte man dann erwarten, daß ein Geschäftsmann ‚immer bereit' ist, wenn das Telefon klingelt", oder wenn ein anderer ihn sprechen will, könnte man die Überlegungen eines amerikanischen Managers ergänzen (Mackenzie, S. 90).

Woher kommt das? Weil jeder weiß, daß diese Leute bei einer wichtigen Sache sind, und daß sie dabei nicht gestört werden dürfen. Wissen Ihre Mitarbeiter eigentlich, wann Sie im Laufe des Tages normalerweise nicht gestört werden sollten, weil Sie dann wichtige Korrespondenz, Telefonate und dergleichen erledigen wollen? Wenn Sie in einer wichtigen Besprechung sind, funktioniert das ja oft von selbst. Dann wissen Ihre Mitarbeiter, daß Sie nicht laufend gestört werden dürfen. Entweder sie müssen dann selbst versuchen, ihre Probleme zu klären oder die Sache zurückstellen, wenn sie bis später Zeit hat.

Solange die generelle Absprache störfreier Zeiten fehlt, wiederholt sich das bekannte zeitraubende Spiel: „Sind Sie einen Augenblick zu sprechen?“ fragt der Eindringling. Schon haben Sie die erste vermeidbare Unterbrechung. „Die Sache ist in einer Minute erledigt“, bemerkt der Störenfried. „Wenn Sie schon einmal da sind, dann lassen Sie es uns eben erledigen!“ ist die Normalreaktion des Gestörten. Und aus der Minute wird oft eine Viertelstunde und mehr. Der Tag geht so wie nichts vorüber.

Störungsursache Nr. 2: Der Irrtum der offenen Tür

„Bei mir gilt das Prinzip der offenen Tür. Ein Chef muß für seine Mitarbeiter ständig erreichbar sein.“ Stolz verkünden viele Chefs solche Grundsätze. Nur: Wer so denkt, läuft Gefahr, daß er bald nicht mehr erreichbar sein dürfte, wenn er versucht, diesen Grundsatz konstant durchzuhalten. Was steckt eigentlich hinter dieser Auffassung? „Es geht nicht, wenn ein Chef sich total abschirmt“, wird oft festgestellt. Das wäre natürlich extrem. Aber muß man gleich aus einem Extrem ins andere fallen? Es gibt auch einen vertretbaren Mittelweg: Das Prinzip der begrenzt offenen Tür.

Störungsursache Nr. 3: Fehlende Rücksichtnahme und Egoismus

Wenn man die tägliche Praxis einmal aus der Vogelperspektive betrachtet, bekommt man das Gefühl, daß das, was andere wollen, grundsätzlich wichtiger ist als das, was man selber gerade erledigt. Rücksichtslos tragen viele Kollegen und Mitarbeiter ihre Probleme vor, selbst dann, wenn Sie gerade an den schwierigsten Problemen hängen. Das gleiche erleben viele ja auch im privaten Bereich, wo Freunde und Bekannte, ohne Rücksicht auf die individuelle Zeitplanung, oft zu den ungelegensten Augenblicken mit Besuchen aufwarten.

Störungsursache Nr. 4: Falsche Rücksichtnahme

Viele glauben, es sei unhöflich, wenn man einen Besucher oder einen Anruf zum unpassenden Moment zurückweist. Wir meinen allerdings: Wer stört, ist einfach rücksichtslos, nicht wer Störungen zu vermeiden versucht!

Störungsursache Nr. 5: Organisations- und Führungsfehler

Die Anzahl Ihrer Arbeitsunterbrechungen ist um so größer,

- je weniger Sie Entscheidungsbefugnisse delegiert haben;
- je mehr Sie zulassen, daß Mitarbeiter schwierige Aufgaben und Entscheidungen auf Sie rückdelegieren, obwohl sie Entscheidungsbefugnisse haben;
- je mehr Sie noch die gesamte Ausgangspost allein unterschreiben oder mitunterzeichnen, denn damit erwecken Sie bei Ihren Kunden und Geschäftspartnern den Eindruck, als seien Sie für alles der eigentlich kompetente Mann, und Sie fordern sie damit auf, sich in erster Linie an Sie zu wenden;
- je weniger Sie Ihre Mitarbeiter gegenüber Kunden aufbauen, indem Sie ihnen auch einmal schwierige Gespräche überlassen und indem Sie sie gegenüber Kunden als qualifizierte Leute anbieten.

Störfreies Arbeiten mit EIS

Wir haben bereits darüber gesprochen, daß Sie zu einem störfreieren Arbeiten kommen, wenn Sie sich daran gewöhnen, während der Arbeitszeit antizyklisch zu arbeiten. Das ist der bequemste und einfachste Weg, um für eine bestimmte Zeit ohne Unterbrechungen arbeiten zu können.

Viele arbeiten zwar heute schon „antizyklisch“, aber nicht gerade in der sinnvollsten Form, indem sie wichtige Arbeiten dann erledigen, wenn andere bereits ihren Feierabend oder ihr Wochenende genießen. Wie anders kämen sonst 60 und mehr Arbeitsstunden pro Woche zustande? Nur: Davon wollen wir ja gerade herunter. Wir wollen erreichen, daß es auch während des Tages Phasen gibt, an denen ungestörtes, konzentriertes und rationelles Arbeiten möglich ist.

Das Wörtchen EIS steht für drei Schritte, auf die es ankommt:

- Einigen Sie sich auf störarme Phasen!
- Intervenieren Sie konsequent!
- Spätestensfrage stellen!

1. Einigen Sie sich auf störarme Phasen!

Ungestörtsein ist kein Zufall. Es muß erkämpft werden. „Wer keinen Zaun um seinen Arbeitsgarten macht, dem trampeln alle hinein!" (Oesch).

Jeder, auch Ihre Mitarbeiter, haben das Recht und vor allem den Bedarf, Aufgaben ohne störende Unterbrechungen zu erledigen. Klären Sie deshalb einmal gemeinsam mit Ihren Mitarbeitern ab, in welchem Zeitraum in Zukunft Störungen am besten vermieden werden sollten. Legen Sie danach die Zeiten fest, in denen künftig interne „Funkstille" eingehalten werden soll.

Erst wenn sich alle Beteiligten über die störarmen Zeiten klar sind, können sie sich im Trubel des Tages darauf einstellen. Deshalb geht es nicht ohne eine generelle Einigung. Jeder von uns kennt Vereinbarungen wie „Vertreterbesuche von ... bis ..." oder „Sprechstunden von ... bis ...". Man stellt sich darauf ein, weil man in dieser Zeit damit rechnen kann, ein offenes Ohr zu finden.

Am einfachsten geht es, wenn Sie die ohnehin störarmen Phasen am Vormittag, nach der Mittagspause oder je nach Betrieb in der zweiten Nachmittagshälfte nehmen. Die verhältnismäßig schwierige Umstellung ist dann nicht so gravierend. Verlängern Sie diese Phasen eventuell um eine halbe Stunde. Das läßt sich oft ohne weiteres einrichten.

Setzen Sie auch visuelle Hilfsmittel ein. Die Wirkung mündlicher Absprachen flacht oft schnell wieder ab. Großer Ärger entsteht regelmäßig, wenn sich bald der alte Schlendrian wieder einschleicht. Die Spontaneität ist stärker als die Selbstdisziplin.

Werden wir jedoch z. B. durch Plakate oder Verkehrszeichen erinnert, so ist die unmittelbare Wirkung viel größer im Vergleich zu mündlichen Vereinbarungen oder bloßen Appellen. Lernen wir einfach von der Verkehrserziehung. Das immer wiederkehrende 130-km-Schild regt mehr zur Einhaltung an als der stärkste Appell, vernünftig zu fahren.

Sie brauchen es ja nicht gleich, wie auf manchen Chefetagen, mit elektrisch einstellbaren Hinweiskästchen „Bitte nicht eintreten!" und ähnlichen Texten zu machen, obwohl dies erfahrungsgemäß seine Wirkung hat. Lassen Sie ruhig Ihre Phantasie etwas spielen.

Im Großraumbüro eines bekannten Filialunternehmens steht z. B. auf jedem Tisch ein kleiner Fahnenständer, an dem jeder ein rotes Bällchen hochzieht, wenn er gerade nicht gestört werden darf. Sicher hat man sich dabei von manchen Küstenbadeorten anregen lassen.

Ein Büroorganisationsbetrieb hat für alle Schreibtische lustige Spielzeugampeln angeschafft, die in der stillen Stunde auf „rot" gestellt werden.

Hinweisschilder mit humorvollen Aufschriften wie „Will ausnahmsweise arbeiten", „Do not disturb" oder Durchfahrtsverbotsschilder sind genauso wirkungsvoll.

Einige Betriebe sprechen bewußt von der „stillen Stunde", von „Funkstille" und dgl. Eine Nürnberger Kaufhausfiliale hat sogar die „heilige Stunde" eingeführt. Ihrer Phantasie sind also keine Grenzen gesetzt. Vieles wurde schon am Anfang belächelt und später von allen anderen übernommen.

2. Intervenieren Sie konsequent!

Trotz grundsätzlicher Einigung und deutlicher Hilfsmittel dürfen Sie nicht erwarten, daß sich alle Kollegen permanent an die Spielregeln halten. Das ist im Betrieb genauso wie auf dem Fußballfeld oder im Straßenverkehr. Nur: Wenn Sie Regelverstöße einfach zulassen, häufen sie sich zwangsläufig. Deshalb bleiben Sie konsequent. Erinnern Sie Mitarbeiter, Kollegen und auch den Chef im Störfalle konsequent an die Vereinbarungen. Je mehr sie merken, daß sie bei Ihnen während der „Funkstille" nicht durchkommen, um so mehr müssen sie sich umstellen. Meist ist ja keine böse Absicht im Spiel, sondern reine Bequemlichkeit.

3. Spätestensfrage stellen!

„Ich brauche unbedingt", „möglichst sofort", „Die Sache eilt" sind Redewendungen, die wir alle kennen. Sie werden oft nur deshalb gebraucht, um einer Sache den nötigen Nachdruck zu geben und um sicherzustellen, daß sie möglichst bald erledigt wird. Dahinter stehen nicht nur schlechte Erfahrungen, sondern auch der bloße Sicherheitstrieb. Unterbrechungen werden so geradezu provoziert. Prüfen Sie aber einmal, in wieviel Fällen die Erledigung noch ein, zwei und mehr Stunden Zeit hat. Stellen Sie deshalb grundsätzlich die Spätestensfrage:

„Bis wann brauchen Sie das Ergebnis spätestens? Sie können sicher sein, daß Sie den Vorgang zu dem von Ihnen benötigten Termin bekommen!“ Damit haben Sie die Unterbrechung aufgefangen. Sie können an Ihren Arbeiten bleiben, und Ihr „Störenfried“ hat die Sicherheit, die er benötigt. Wenn Sie gleichzeitig in seiner Gegenwart den Termin notieren, verstärken Sie sein Sicherheitsgefühl, und Sie selbst vergessen die Angelegenheit nicht. Je mehr Sie den zugesagten Termin jetzt auch wirklich einhalten, um so mehr bauen Sie künftigen Angriffen auf Ihre störfreien Phasen vor.

Systematisch erweitern

Versuchen Sie, die störfreien Zonen nach einem Stufenprogramm systematisch auf immer größere Personenkreise auszubauen. Am einfachsten ist es, wenn Sie zunächst intern beginnen, und zwar mit dem Kreis von Mitarbeitern und Kollegen, mit denen Sie am häufigsten in Kontakt stehen. In größeren Häusern sollten Sie in Stufe 2 versuchen, bereichs- oder abteilungsweise zu einer Einigung zu kommen. Einheitliche Regelungen sind für größere Unternehmen nur schwer zu realisieren, aber bereichsweise läßt sich das durchsetzen.

In Stufe 3 sollten Sie auch Ihre Geschäftspartner mit einbeziehen. Sie sollten aber unbedingt darauf achten, daß jede negative Assoziation vermieden wird. Wir kennen viele Firmen, die ihre Geschäftsfreunde durch Rundschreiben darauf hingewiesen haben, daß „Sie unsere leitenden Herren am besten in folgenden Zeiten erreichen . . .“. Damit wurden die störarmen Zeiten weitgehend abgesichert.

Stimmen Sie sich mit Ihren Gesprächspartnern, so oft es nur geht, auch im direkten Gespräch ab, wann Sie am besten zu erreichen sind. Das verbessert die Chancen für störfreie Zonen und fördert den persönlichen Kontakt.

Zusammenfassung zu Punkt 3

Störungen abbauen heißt nicht, den Geschäftsablauf erschweren, sondern ihn dadurch fördern, daß wichtige Aufgaben schneller erledigt werden. Unnötige und den reibungslosen Ablauf hemmende Unterbrechungen sollen eliminiert werden. Es heißt auch nicht, daß in der stillen Zeit absolute Funkstille eintreten soll. Zugegeben, es ist der schwierigste Schritt zu einem rationellen Arbeitsablauf; denn Sie müssen nicht nur mit sich selbst, sondern vor allem mit anderen um Ihre Zeit kämpfen. Das EIS-Programm soll Ihnen dabei aber helfen:

- *Einigen Sie sich auf störarme Phasen!*
- *Intervenieren Sie konsequent!*
- *Stellen Sie die Spätestensfrage!*

Punkt 4: Streßstabilität verbessern

Hand aufs Herz: Wann machen Sie eigentlich Pausen? Sind Sie etwa auch der Meinung, daß Sie sich keine Pausen leisten können, weil Sie so viel zu tun haben? Glauben Sie, daß Sie Ihre jetzigen Arbeitspausen richtig gestalten? Fehlt Ihnen auch oft die innere Ruhe, um überhaupt eine echte Pause einzulegen? Haben Sie eigentlich gelernt, wann man Pausen machen sollte, wie lange eine wirksame Pause sein sollte und was man dabei am besten tun sollte? Haben Sie auch nicht die räumlichen Voraussetzungen, um sich in einer Pause einmal echt zu entspannen, indem Sie sich z. B. kurz sportlich betätigen?

Die Kunst des Ausruhens ist ein Teil der Kunst des Arbeitens. Dieser bemerkenswerte Satz stammt von John Steinbeck. Doch nur wenige beherrschen diese Kunst. Sie gehören aber zu den Erfolgreichen, nicht nur im Sinne von Leistung und Karriere, sondern auch im menschlich-persönlichen Bereich.

1. Arbeiten Sie im 1 : 10-Intervall

Um es gleich vorweg zu sagen: Wir gehören aufgrund der vorliegenden wissenschaftlichen Erkenntnisse und mehrjähriger praktischer Erprobung zu den überzeugten Befürwortern regelmäßiger Pausen im Stundenrhythmus: 1 Stunde arbeiten, 10 Minuten Pause. Wir schaffen mit dieser Technik nicht nur Dauerhöchstleistungen, auch einmal 12, 14 und mehr Stunden, sondern wir gehen auch fit in den Feierabend, wo uns Familie, Freunde und Hobbys erwarten.

Natürlich ertappen wir uns nicht selten bei folgendem Spiel: Der Tagesplan steht, ein volles Programm erwartet uns. Die ersten Arbeiten laufen, die übrige Arbeit drückt, eine leichte Spannung macht sich schon bemerkbar. Eine Stunde ist vorbei. Jetzt schon Pause machen? Jetzt, wo noch ein Berg von Arbeit und Gesprächen wartet? Dennoch zwingen wir uns förmlich zur Pause. Die 10 Minuten sind schnell vorbei.

Aber wir spüren, wie alles lockerer und konzentrierter von der Hand geht, die Spannung ist abgebaut, das Arbeitstempo steigt.

Das gleiche Spiel wiederholt sich nach jeweils einer Stunde. Um 11 Uhr, wenn die meisten schon – ohne daß sie es merken – langsam in ihrer Leistung abbauen, anfangen, sich zu verkrampfen und zu verspannen und sich mit Koffein und Nikotin fit halten, läuft bei uns der gleiche, locker konzentrierte Arbeitsstil weiter.

Tatsachen

Tatsache ist, daß die meisten Manager ihre Tagesarbeit nicht systematisch oder überhaupt nicht unterbrechen. Abgesehen von kleineren, willkürlichen Zäsuren ist eine kurze Mittagspause oft die einzige Unterbrechung. Doch mit Arbeitsessen und der Besprechung dienstlicher Probleme nehmen sich viele noch die letzte Möglichkeit für eine kurze, wirksame Erholung. Genauso verlaufen unzählige Tagungen und Tageskonferenzen. Ohne zu bedenken, wie falsch es ist, betonen viele nicht ohne Stolz, daß sie den ganzen Tag mit einer kurzen Essenspause durchhalten.

Tatsache ist aber auch, daß ohne systematische Pauseneinteilung unsere Leistungskurve erheblichen Schwankungen ausgesetzt ist. Das ist inzwischen wissenschaftlich abgesichert. Die vorhandenen Untersuchungen, von denen die ersten bereits aus den Anfängen unseres Jahrhunderts stammen,[1] wurden jedoch bis heute von den wenigsten Führungskräften zur Kenntnis genommen und in die Praxis umgesetzt. Zwar stammen diese Untersuchungen zwangsläufig aus eindeutig meßbaren Verhältnissen (Fließband, Steuerungstätigkeiten, Schreibbüros, Buchhaltung, Kraftfahrertätigkeit u. dgl.). Wir können aber unterstellen, daß auch bei nicht eindeutig meßbaren Gebieten, wie etwa im Bereich der Chefarbeit, die Gesetzmäßigkeiten für den Leistungsverlauf zutreffen. Daraus ergeben sich wichtige praktische Konsequenzen.

Warum gerade 1 Stunde : 10 Minuten?

Bei allen vorliegenden Untersuchungen, die sich sowohl auf Vorgänge beziehen, bei denen eine hohe

[1] Siehe hierzu Taylor. Zahlreiche Hinweise auf die neueren Forschungsergebnisse finden Sie auch bei Peters und bei Hildebrandt

Konzentrationsfähigkeit verlangt wird, als auch auf Tätigkeiten, bei denen eine besondere Aufnahmefähigkeit notwendig ist, stellte sich die Stunde als idealer Arbeitsrhythmus heraus. Beide Merkmale treffen eindeutig für die Managerfunktion zu. Nach 1½ Stunden trat regelmäßig ein merklicher Leistungsabfall ein. Umgekehrt stieg bei Einhaltung des Stundenrhythmus die Leistung jeweils um zwischen 20 bis 30 Prozent, ohne zusätzliche Anstrengung.

Wir haben selbst z. B. in ungezählten Besprechungen und Tagungen mit Führungskräften ermittelt, daß die Aktivität der Teilnehmer am größten blieb, wenn wir im Stundenrhythmus gearbeitet haben. Beim 1,5-Stunden-Rhythmus dagegen ließ die konzentrierte Mitarbeit in Arbeitsgruppen und Plenardiskussionen in der letzten halben Stunde merklich nach, und die Erschöpfung am Ende des Tages war erheblich größer. Beim 1-Stunden-Rhythmus hatten die Teilnehmer stets das Gefühl, daß sie sich trotz intensiverer Arbeit nicht überanstrengt haben. Sie gingen fit in den Feierabend.
Trotz dieser eindeutigen Fakten gibt es einen wichtigen Einwand: Die Belastung ist nicht jeden Tag konstant, Besprechungen stellen z. B. auch ganz andere Anforderungen als etwa die Erledigung von Korrespondenz. Auch gibt es Tage, an denen man Bäume ausreißen könnte. Außerdem lassen biorhythmische Einflüsse im Tages- und Wochenverlauf die Leistungsfähigkeit schwanken.

Sicher wäre es richtig, den Pausenrhythmus jeweils individuell anzupassen. Dennoch halten wir es für ratsamer, wenn Sie sich an einen festen Rhythmus gewöhnen, denn Ihre innere Uhr bekommt einen festen Orientierungsmaßstab. Die Gefahr, den Maßstab zu verlieren, ist zu groß, wenn Sie sich jedesmal neu einstellen wollen. Wer ist schon im Tagesstreß in der Lage, sich so genau zu beobachten, daß er sich jeweils optimal auf die gerade gegebenen Verhältnisse einstellt? Sicher wäre das auch viel komplizierter. Schließlich ist eine Stunde eine leicht überschaubare Zeiteinheit. Machen Sie sich den Stundenrhythmus zur Regel und bleiben Sie dann flexibel, wenn es von der Sache her notwendig ist.

Bei Besprechungen empfehlen wir Ihnen, sich in jedem Fall auf einen festen Rhythmus zu einigen. Die Teilnehmer stellen sich leichter darauf ein, und es entfallen unnötige Diskussionen, weil der eine oder andere noch nicht das Gefühl hat, daß eine Pause nötig sei. Bedenken Sie aber noch eines: Für den Regenerationseffekt einer Pause ist es nicht gleichgültig, wann wir sie einlegen. Der beste Erholungswert wird erzielt, wenn wir die Pause noch im Leistungshoch machen.

Und warum nur 10 Minuten? Medizinische Untersuchungen haben ergeben, daß der Regenerationseffekt mit zunehmender Pause nicht gleichmäßig ansteigende, sondern eher sinkende Tendenz hat. Der optimale Effekt tritt in den ersten 10 Minuten ein. Deshalb sollten Sie konsequent nach 10 Minuten unterbrechen und dafür im Stundenrhythmus lieber häufiger Pausen einlegen.

Wir beobachten immer wieder, daß unsere Gesprächspartner überrascht sind, wenn wir die Pause nach 10 Minuten beenden. Erstaunt stellen sie aber bei der weiteren Arbeit fest, wie gut sie sich erholt haben. Der vermeintliche Zeitverlust ist also weitaus geringer als bei der heutigen Regelung. Bei der heute noch üblichen Pausenpraxis besteht leicht die Gefahr, sich zu zerreden und die Zeit, die eigentlich vorgesehen war, zu überziehen.

Eindeutige Pluspunkte

Überzeugen Sie sich am besten selbst durch einen kleinen Versuch. Unterbrechen Sie doch einfach einmal die Lektüre dieses Buches für 10 Minuten, auch wenn Sie sich im Moment noch nicht müde fühlen sollten. Gehen Sie zu einem kurzen Spaziergang an die frische Luft, oder tun Sie sonst etwas, was Sie normalerweise lockert und entspannt. Aber bitte nur 10 Minuten! Dann beobachten Sie einmal bewußter als sonst Ihr Befinden, Ihre Konzentrationsfähigkeit und Ihr Lesetempo.

Ihre Leistungsfähigkeit nimmt garantiert zu. Die Leistung eines Managers kann man messen an der Anzahl der Ideen und Einfälle, die er bei jedem Vorgang entwickelt und durchsetzt. Von Ihnen wird permanent verlangt, daß Sie Ideen und Einfälle entwickeln und in Aktionen umsetzen. Jedes Gespräch, jeder Anruf, jeder Brief stellt Sie vor neue Situationen, bei denen Sie blitzschnell die richtigen Entscheidungen treffen müssen.

Je länger Sie Ihren geistigen Motor ununterbrochen beanspruchen, um so größer ist die Gefahr der oft unmerklichen Ermüdung und Verkrampfung. Die

Reaktionen und damit der Ideenfluß werden langsamer. Deutlich zeigt sich das in Gesprächen, wo man sich immer mehr im Kreise dreht und bei Diktaten, wo man krampfhaft nach den richtigen Formulierungen sucht. Rechtzeitiges Pausieren heißt daher nichts anderes, als daß Sie viel schneller die richtigen Einfälle haben, das passende Argument finden und damit Gespräche und schwierige Vorgänge in viel kürzerer Zeit abwickeln.

Sie bekommen eine größere Ausdauer und kommen fit in den Feierabend. Immer mehr Führungskräfte kommen dagegen verbraucht aus dem Büro und haben oft weder die Zeit noch die Kraft zur Muße. Häufig liegt es einfach daran, daß sie durch falsche Zeiteinteilung ihre Arbeit mit einem übermäßigen Energieaufwand bewältigen.

Bei richtiger Zeiteinteilung erreichen Sie eine größere Leistung bei wesentlich niedrigerem Energieaufwand. Ihr Kreislauf- und Nervensystem wird durch das Intervallarbeiten viel weniger belastet und viel häufiger entspannt.

Sie werden und bleiben viel ausgeglichener und gelassener. Nervosität und Aggressivität nehmen ab. Damit verbessern Sie auch Ihre Fähigkeit zum echten Gespräch und zur Zusammenarbeit mit Ihren Mitmenschen innerhalb und außerhalb des Betriebes, vor allem in Konfliktsituationen.

Es ist medizinisch erwiesen, daß der Hauptbelastungsfaktor von Führungskräften nicht die Arbeit selbst ist, sondern die vielen unangenehmen Begleiterscheinungen. Plötzlich auftretende Störungen, Schwierigkeiten, Termindruck, Mitarbeiter fallen aus oder ziehen nicht mit, Kundenbeschwerden, unsichere Zukunft usw. Stellen Sie sich vor, Sie könnten Ihre Arbeit ohne diese Faktoren durchziehen, wieviel einfacher wäre Ihr Tagesablauf. Je ausgeglichener Sie sind, um so gelassener reagieren Sie auf all diese Faktoren und fangen Zusatzstreß ohne Probleme auf. Ihre Streß-Stabilität nimmt erheblich zu. Deshalb ist Gelassenheit ein wichtiges Ziel unserer Arbeitsstrategie.

Viele Ideen und Einfälle kommen gerade in der Pause. Das sollten Sie systematisch auswerten. Sicher haben Sie das auch schon festgestellt: Die besten Einfälle kommen oft nicht am Schreibtisch, sondern im Wagen, in der Bahn, im Flugzeug oder am Abend, wenn Sie gerade Zeitung lesen oder sich einen Krimi ansehen. Das sind die Phasen, in denen sich das Unterbewußtsein automatisch mit einem Problem beschäftigt, die sog. Inkubationsphasen. Das kann es aber nur, wenn Sie ihm dazu Gelegenheit geben, indem Sie nicht laufend Ihre Energien total für das bewußte, konzentrierte Nachdenken absorbieren. Wenn Sie im Tagesverlauf häufiger kurze Entspannungspausen einschalten, können Sie die Wirkung des Inkubationseffektes erheblich verstärken und viel häufiger nutzen.

Die Fehlerquote nimmt ab. Wie viele Fehlentscheidungen kommen allein daher, daß wir im entscheidenden Moment nicht die richtige Idee haben? Bei den vorliegenden Untersuchungen für meßbare Tätigkeiten wurde festgestellt, daß die Fehlerquote zum Beispiel im Buchhaltungsbereich um bis zu 30 Prozent zurückging, ebenso die Unfallhäufigkeit im industriellen Bereich.

Einige Beispiele

Es gibt eine ganze Reihe von Bereichen, wo das Kurzpausensystem erfolgreich praktiziert wird. In Japan und China, aber auch in einer Reihe deutscher Betriebe geschieht das teilweise ja schon mit Anregungen zur Trimm-Gymnastik. Maschinenschreiberinnen in Schreibzentren, Locherinnen im EDV-Bereich, sie alle werden angehalten, nach einer Stunde eine Pause von 10 Minuten einzulegen. Im Sport hat sich das Intervalltraining in vielen Bereichen durchgesetzt. Das markanteste Beispiel für den Erfolg der Intervallarbeit war die lange Zeit andauernde Erfolgsserie deutscher Ruderer.

An Schulen und Universitäten haben wir sogar den ¾-Stunden-Rhythmus. Im Theater macht man genauso Pausen wie bei Bundeswehrkolonnenfahrten. Der ADAC bemüht sich, Autofahrer durch Hinweisschilder auf den Autobahnen zur regelmäßigen Pause nach spätestens 2 Stunden und zur sportlichen Betätigung anzuregen.

Schrittweise umgewöhnen

Eine Stunde arbeiten, 10 Minuten Pause, das wäre der ideale Rhythmus. Sie werden natürlich jetzt gleich einwenden, daß das in der Praxis nicht möglich ist. Zugegeben, es ist nicht leicht, sich etwas vorzustellen, was man bisher noch nicht praktiziert hat. „Alle Dinge sind schwer, bevor sie leicht werden", sagt ein altes persisches Sprichwort. Vor fünfzig Jahren konnten sich auch die wenigsten vorstellen, daß es eines Tages die 40-Stunden-Woche geben wird, daß Betriebe einmal die variable Arbeitszeit einführen werden, daß Mitarbeiter eines Tages unter charmanter weiblicher Führung zu gymnastischen Übungen während der Dienstzeit angeregt werden.

Trotzdem ist das meiste heute bereits praktische Realität. Genauso wird es auch mit der systematischen Pause sein. Auch sie wird eines Tages zur Gewohnheit und zur Selbstverständlichkeit werden. Im übrigen ist die Notwendigkeit von Erholungspausen ja schon weitgehend akzeptiert. Nur achten eben erst wenige auf den idealen Zeitpunkt und die richtige Dauer aus der Sicht der Leistungsfähigkeit. Insofern bedarf es einer kleinen, aber doch wesentlichen Umgewöhnung.

Am besten fangen Sie dort an, wo es relativ einfach ist. Gewöhnen Sie sich einmal, z. B. bei längeren Autofahrten, an den Rhythmus. Dort hindert Sie keiner, außer Sie selbst. Keine Angst, wir haben es selbst getestet: Die Gesamtfahrzeit bleibt die gleiche, aber Sie bleiben wach, konzentriert, fit, und Sie kommen entspannt an. Bei längeren Bahnfahrten können Sie auch ohne Schwierigkeit nach jeweils einer Stunde einmal in den Wagen oder bei der nächsten Haltestelle auf dem Bahnsteig auf und ab gehen. Ebenso sollten Sie längere Besprechungen oder Mitarbeiterschulungen nach einer Stunde jeweils um 10 Minuten unterbrechen. Die Diskussion leidet keineswegs darunter, viel eher profitiert sie davon. Wenn Sie z. B. am Abend länger arbeiten oder sich in Akten oder Bücher einlesen, können Sie auch den Stundenrhythmus trainieren. Ihre innere Uhr wird sich im Laufe der Zeit genauso auf den Rhythmus einstellen, wie sie sich auf den Sonntags- und Jahresurlaubsrhythmus eingependelt hat.

Nehmen Sie sich dann auch im Tagesablauf bewußt vor, nach jeder Stunde die kurze Pause einzuschieben. Auf keinen Fall sollten Sie aber schon von Anfang an einen halben Tag durcharbeiten. Spätestens nach zwei Stunden sollten Sie sich schon zu einer echten Unterbrechung Ihrer Arbeit zwingen.

Genauso wie ein Porschefahrer sich zwingen muß, wenn er das Tempo auf 130 drosseln soll, und das oft nur unter Verbotshinweisen und drohenden Radarkontrollen schafft, sollten Sie sich einem gewissen Zwang unterwerfen. Legen Sie sich z. B. eine Armbanduhr mit Wecker zu oder eine Uhr mit Stundenschlagwerk oder eine sprechende Uhr, bei der nach jeder Stunde eine Stimme die Zeit angibt. Sonst läuft Ihnen die Zeit unbemerkt davon.

2. Ändern Sie Ihre Pausengestaltung

Genügt es Ihnen auch schon, wenn Sie anstelle einer echten Pause zwei Etagen zu Fuß zurücklegen oder wenn Sie einfach in eine andere Abteilung durch das Haus gehen? Sicher bekommen Sie damit wenigstens etwas körperliche Bewegung. Aber den echten Pauseneffekt erzielen Sie, wenn Sie gegenüber sich selbst einmal ehrlich sind, damit nicht. Denn neben der körperlichen Bewegung braucht ein Manager vor allem ein kurzes, aber intensives Abschalten seiner Gehirntätigkeit. Um Ihren Geist in Form zu halten, müssen Sie ihn ebenso in den richtigen Abständen abschalten, wie ein Sportler seinen Muskelapparat im richtigen Moment stillegen muß. Sonst kommen Sie aus dem geistigen Dauerstreß nicht heraus.

Schaffen Sie die Kaffeepause ab

Daß Bewegung möglichst an der frischen Luft eine wichtige Voraussetzung zur Erhaltung und Steigerung der Leistungsfähigkeit ist, wird heute von keinem ernsthaft nachdenkenden Menschen mehr bezweifelt. Das beweist der Erfolg der Trimm-dich-Welle. Die Beteiligungskurve an Trimmveranstaltungen und -wettbewerben steigt sprunghaft an. Über das Massenmedium Fernsehen wird der Trimm-Sinn systematisch gefördert. Auf den Rastplätzen unserer Autobahnen werden wir mit Plakaten daran erinnert, aktive Pausen einzulegen. Das Bewußtsein für körperliche Bewegung ist stärker geworden.

Allerdings, so scheint es, noch nicht dort, wo wir die meiste Energie verbrauchen und benötigen: in den Büros. Auf die Frage, was Manager während kurzer Pausen tun, um sich fit zu halten, wurden als beliebteste Betätigungen genannt: Kaffee oder Tee trinken, einen Blick in die Presse werfen, einen kurzen Rundgang durch den Betrieb machen.

Obgleich auch die wirtschaftlichen Konsequenzen einer falschen Lebensweise allseits bekannt sind – hohe Herzinfarktquote, nachlassende Leistungsfähigkeit, Ausfall von Mitarbeitern wegen stärkerer Anfälligkeit für Krankheiten, Kopfschmerzen usw. – findet der Ausgleich durch Sport und Bewegung heute noch fast ausschließlich im privaten Bereich außerhalb des Betriebes statt.

Auf unsere Frage, warum bislang aktive Pausen fehlen, wurde uns am häufigsten geantwortet: „Wir haben die Auswirkungen auf die Leistung und die persönliche Leistungsfähigkeit bislang nicht genügend beachtet." „Es fehlen die räumlichen Voraussetzungen, um sich ungestört etwas zu bewegen." „Die Pausenzeiten sind zu kurz." „Persönliche Hemmungen, vor anderen aufzufallen." „Eigene Bequemlichkeit."

Hemmungen abbauen

Zwei wichtige Voraussetzungen müssen demnach für eine Bewegungspause erfüllt sein: Persönliche Hemmungen sind abzubauen, und es darf kein Aufwand durch Umkleiden und dgl. entstehen. Maximal 10 Minuten müssen ausreichen. Persönliche Hemmungen, im Betrieb etwas Sport zu treiben, braucht eigentlich heute niemand mehr zu haben, denn Trimmen ist „in". Wenn 81 Prozent der Bevölkerung bereits Ausgleichssport betreiben, ist das ein klarer Beweis, daß sportliche Betätigung nichts Außergewöhnliches mehr ist. Es bedarf nur eines Anstoßes im Betrieb selbst.

Die zweite Bedingung wird eigentlich am ehesten erfüllt, wenn Sie genau das tun, worauf es bei einer 10-Minuten-Pause ankommt. Sie sollten kein schweißtreibendes Konditions- und Krafttraining betreiben. Es kommt nur darauf an, daß Sie Ihre geistige, nervliche und automatisch auch körperliche Anspannung und Verkrampfung abbauen, im wörtlichen Sinne also „ent"spannen. Ihre Atmung und damit auch die wichtige Sauerstoffversorgung soll aktiviert, der Kreislauf und die Durchblutung des Gehirns auf natürliche Weise angeregt werden. Das Wichtigste ist die Lockerung und Entkrampfung durch Bewegung. Bei körperlicher Arbeit kommt Entspannung automatisch durch Nichtstun, bei geistiger Arbeit ist dies einfach nicht der Fall.

Fitnessprogramm fürs Büro

Wir wollen Ihnen keine komplette Aufzählung aller Betätigungsmöglichkeiten geben, dazu gibt es eine ganze Reihe ausgezeichneter Veröffentlichungen.[1] Aber nicht alle Übungen sind geeignet, in kurzer Zeit und ohne großen Aufwand einen möglichst günstigen Lockerungs- und Entspannungseffekt zu erzielen. Die folgenden Übungen können Sie aber ohne weiteres innerhalb von 10 Minuten anwenden.

1. Übungen mit dem Bali-Gerät

Mit dem Bali-Gerät können Sie sich ausgezeichnet lockern, wenn Sie die Übungen beschwingt und rhythmisch durchführen. Die Idee des Bali-Gerätes stammt vom Tanz der Balinesinnen, nicht vom Krafttraining. 5 Minuten genügen bereits, um die Grundübungen durchzuführen. Eine Reihe von Leistungssportlern lockern sich vor bzw. nach dem Kampf mit diesem Übungsgerät. Jedem Gerät liegt eine genaue Beschreibung der Übungen bei.

2. Lockerungsgymnastik mit und ohne Stuhl

Armkreisen; Rumpfbeuge nach vorn, dabei mit den Händen 10mal den Boden berühren, den Oberkörper locker nach vorn und hinten werfen; Kopfkreisen; Schultern lockern durch Kreisbewegungen nach vorn und hinten (je 10mal); Arme seitlich ausstrecken und den ganzen Oberkörper nach links und rechts jeweils um 90° locker pendeln. Seien Sie erfinderisch! Übungen gibt es genug. Machen Sie einen Wettbewerb mit Ihren Mitarbeitern im Erfinden neuer Übungen.

3. Isometrisches Training

Das Prinzip ist einfach: Kurzfristige Muskelanspannung und keine Übung länger als 6 Sekunden! Beide Handflächen so kräftig wie möglich gegeneinanderpressen; beide Hände mit den Fingern so fest wie möglich ineinanderhaken und auseinanderziehen; Handflächen kräftig gegen die Stirn pressen; mit der ausgestreckten Hand gegen eine Wand pressen usw. (Weitere Anregungen bei Hettinger.) Sie können diese Übungen im Sitzen und im Stehen durchführen. Wichtig ist aber: Pro Übung nicht mehr als 6 Sekunden. In 2 bis 3 Minuten haben Sie so den ganzen Körper durchgearbeitet! Und: Zwischen den

[1] Eine gute Übersicht finden Sie bei Preusser sowie bei Wöllzenmüller-Grünwald. Empfehlenswert sind auch die Trimm-Broschüren des Deutschen Sportbundes, Frankfurt/M. sowie die 8mal jährlich erscheinende Zeitschrift des Deutschen Trimmclubs, München 60, Henschelstr. 7.

einzelnen Übungen totale Lockerung der Muskulatur durch lockeres Ausschütteln der Arme, lockeres Kopf- und Schulterkreisen, sonst besteht die Gefahr der Verkrampfung.

4. Funktionstraining

Ziel ist die totale Lockerung der neuralgischen Verspannungspunkte im Hals-Nacken-Bereich (Ursache vieler Kopfschmerzerscheinungen), Bewegung der Wirbelsäule, Kreislaufanregung und bewußtes Atmen. Das Prinzip ist einfach: Vollkommen gelockertes, rhythmisches Treten auf der Stelle; rhythmisches Atmen im Verhältnis 1 Schritt ein, 3 Schritte aus; dabei den Kopf auf jeden Schritt erst locker nach links und rechts bewegen, dann nach unten und nach hinten fallen lassen und zuletzt den Kopf kreisen lassen.[1] Sie sollten bei den Übungen spüren, wie Ihre Arme bis in die Hand- und Fingerspitzen vollkommen locker pendeln, so als wären sie vom Körper völlig losgelöst. Dauer aller Übungen: 5 Minuten!
Ideal ist die Kombination von isometrischem Training und Funktionstraining, weil sie mögliche Muskelspannungen durch das gelöste Funktionstraining vollkommen abbauen.

5. Lauf auf der Stelle

Arme und Schulter vollkommen locker, leichtes Traben ohne Anspannung; rhythmisches Atmen, 1 Doppelschritt einatmen, 3 Doppelschritte ausatmen. Mit 3 bis 5 Minuten erzielen Sie bereits eine angenehm entspannte Wirkung. Nach einiger Zeit machen Sie die Übung im Intervall-Training: 30 Sekunden ruhig laufen, dann 20 Sekunden Tempo steigern; 5mal wiederholen. Zeit: 5 Minuten!

6. Kurze Kneippsche Wasseranwendungen

Kaltes Wasser wirkt nicht nur erfrischend und belebend, sondern es hat auch einen hohen medizinischen Wert im Hinblick auf die Durchblutung. Waschen Sie einmal Ihre Hände nicht in der üblichen Hast, sondern lassen Sie den Wasserstrom bewußt wie ein Bergquell über Schlagadern und Hände fließen.

Einfach ist auch der Gesichtsguß: Sie lassen das Wasser über Schläfen und Stirn rinnen. In der nächsten Pause machen Sie ein kaltes Unterarmbad: 3×10 Sekunden Unterarme in kalt gefülltes Wasch-

[1] Nähere Hinweise bei Preusser, S. 113ff.

becken tauchen. Zeit: 30 Sekunden. Dabei geistig vollkommen entspannen! Besonders in vollklimatisierten Räumen geben Sie damit Ihrer Haut den notwendigen Ausgleich für die sonst konstante und leicht ermüdende Lufttemperatur.

Am besten kombinieren Sie eine der davorstehenden Lockerungsübungen mit diesen Wasseranwendungen. Damit erzielen Sie in 6 bis 7 Minuten eine optimale Wirkung. Sie fühlen sich nicht nur wieder voll einsatzfähig, Sie sind es auch tatsächlich.

Noch einmal: Achten Sie darauf, daß alles, was Sie in Ihren Kurzpausen tun, mit vollkommener Gelassenheit, ohne jegliche Verkrampfung und ohne Verbissenheit geschieht.

Entspannung von innen

Machen Sie einmal einen Versuch: Schließen Sie, wie Sie gerade sitzen, für 5 Minuten die Augen und versuchen Sie, sich zu entspannen. Nichts weiter. Fragen Sie sich nach 5 Minuten: „Was ist in meinen Gedanken alles vorgegangen? An was habe ich alles gedacht?"

Ohne Übung gelingt es den wenigsten, an nichts anderes zu denken als an das Sitzen; oder z. B. beim Händewaschen an das Waschen der Hände; usw. Permanent arbeiten die Gedanken weiter. Das zentrale Nervensystem wird nicht entlastet.

Wer das jedoch kann, ist im Lot, im Spannungsausgleich. Er dreht in Streßphasen weniger durch. Er kann sich während der Arbeit voll auf das konzentrieren, was er gerade tut. Er versammelt all seine Energie in jeder Minute auf die Sache, die er gerade tut, auch wenn im Laufe des Tages tausend Dinge zu erledigen sind. Er spart seine Energien, weil er sie nicht verzettelt und hat sie dann parat, wenn er sie braucht. Diesen Zustand zu erreichen müssen die meisten wieder lernen. Eine gute Hilfe sind die Grundsätze und Übungen der ZEN-Lehre[1]. Der wichtigste Grundsatz heißt: „Tue, was Du tust!"

Wer diesen Grundsatz verwirklicht, der erreicht es, daß er in einer Pause nichts anderes erlebt als die Pause und an nichts anderes denkt als an das, was er dabei gerade tut: ob er nun sitzt oder geht oder sich bewegt.

Er ist im Laufe des Tages nicht an besondere Voraussetzungen gebunden, um sich zu entspannen. Er

[1] Dem Neuling empfehlen wir zunächst einmal das Buch von Stangl.

nutzt einfach die Gelegenheiten, die sich ihm bieten: Wenn er geht, geht er bewußt. Wenn er Hände wäscht, spürt er bewußt das Wasser. Sitzt er am Steuer seines Wagens, so denkt er nicht tausenderlei, sondern er spürt, daß er fährt und erlebt, daß er im Wagen sitzt. In einer Besprechung konzentriert er sich einfach zwischendurch auf seine Sitzfläche, er spürt die Füße am Boden und die Hände auf dem Tisch. Und er nutzt auch die Gelegenheit des Essens zur Entspannung: Wenn er ißt, so ißt er und genießt die Speisen. Keine Gespräche.

Die wichtigste Übung zu diesem Ziel ist das konsequente Sitzen in aufrechter Haltung (Zazen) und dabei das Praktizieren des Nichtsdenkens. Aber: Nicht das Üben, sondern das Hineinnehmen in den Alltag, die Anwendung im Arbeitsprozeß ist Mittelpunkt des ZEN.

Wer wie der heutige Durchschnittsmensch nicht im Lot, sondern fortwährend in einem überdrehten, überspannten Zustand lebt – im Dienst wie in der Freizeit – den werfen Streßattacken sofort aus dem Lot. Er braucht und verbraucht unnötige Energien. Er dreht schnell durch, lebt laufend überdreht, entwickelt in den entscheidenden Phasen nicht die nötige Kreativität, hat nicht die richtigen Einfälle usw. Das Ziel einer Pause sollte sein: sich möglichst schnell aus einem überspannten und überdrehten Zustand in das natürliche Spannungsgleichgewicht zurückzuführen, um wieder die volle Spannkraft zu erreichen.

Zusammenfassung zu Punkt 4

1. *Arbeiten Sie im Stundenrhythmus.*
2. *Machen Sie jeweils nur 10 Minuten Pause.*
3. *In den Pausen sollten Sie sich durch Lockerungs- und Entspannungsübungen erholen.*

Vor allem wenn von Ihnen Höchstleistungen verlangt werden, sollten Sie sich konsequent an diese Prinzipien halten, damit Sie in der Lage sind, den Anforderungen gerecht zu werden. Ebenso sollten Sie auch dann, wenn Sie sich nicht besonders in Form fühlen, Ihre Form mit regelmäßigen Pausen wieder aufbauen. Schließlich versuchen Sie, wenn Ihnen der Stundenrhythmus nicht ganz liegt, den festen Rhythmus herauszufinden, der Ihrer Konstitution entspricht.

Punkt 5: Arbeitsumgebung gestalten

Untersucht man die Leistung vieler Erfolgreicher, so zeigen sich interessante Beziehungen zu den jeweiligen äußeren Arbeitsbedingungen. Schopenhauer war z. B. am frühen Morgen am produktivsten. Balzac hingegen war Nachtarbeiter (Wirz, S. 107). Schiller brauchte den Geruch fauler Äpfel in seiner Nähe, um zu besonders guten Gedanken zu finden. Nietzsche suchte sich eine einsame Hütte in den Bergen aus.

Der eine braucht den Blick nach draußen, um sich anregen zu lassen. Vorhänge sind ihm ein Greuel, der Strom der Ideen fließt bei ihm im verhängten Raum nicht. Der andere zieht die Vorhänge seines Arbeitszimmers zu, stellt den Schreibtisch zur Wand hin, um nicht abgelenkt zu werden und schaltet das Licht am Tage an. Er ist vielleicht ein Nachtmensch, der sich auf diese Art und Weise selbst Dämmerstimmung suggeriert. Er überlistet sich selbst.

Für den einen ist der harte Stuhl ohne Polster, spartanisch einfach, das Gegebene. Ein anderer braucht einen weichen Sessel, schön gepolstert, etwas „feudal“.

Mancher liebt einen völlig aufgeräumten Schreibtisch. Darauf darf außer dem Vorgang, den er gerade erledigt, nichts liegen. Aber auch das Umgekehrte ist ebenso bekannt. Großer Wirrwarr auf dem Schreibtisch erzeugt für viele Arbeitsatmosphäre, produktive Stimmung und Arbeitslust. Es gibt „Leertischler“ und „Volltischler“ (Korff, S. 9). Beide können erfolgreich sein.

Von Einstein wird berichtet, sein Schreibtisch war überdeckt von fußhohen Stößen von Akten und Türmen von Büchern in wirrer Unordnung. Noch chaotischer muß Nietzsches Arbeitsstätte in Sils Maria ausgesehen haben. Ein Besucher beschrieb sie so: „Auf dem bäurischen Arbeitstisch fanden sich im schlimmen Durcheinander Kaffeetassen und Eierschalen, Manuskriptseiten und Toilettengegenstände“ (Wirz, S. 108).

Die Arbeitsumgebung des Managers

Leistung und physisches wie psychisches Wohlbefinden hängt zu einem wesentlichen Teil von der richtigen Gestaltung der unmittelbaren Arbeitsumgebung ab. Was aber heißt richtig? Ihre Arbeitsumgebung darf Ihr physisches Wohlbefinden nicht belasten, sondern sie soll es eher fördern. Die räumlichen Bedingungen sollten so sein, daß Ihr Arbeitsfluß nicht unnötig gestört wird und daß stimulierende Impulse auf Sie einwirken.

Drei Dinge spielen hier eine wichtige Rolle: die richtige Raumtemperatur, die Organisation des Arbeitsplatzes und die Gestaltung der Raumatmosphäre.

1. Sorgen Sie für die richtige Raumtemperatur

Die Luft gehört zu den Faktoren unserer Arbeitsumgebung, die uns im wörtlichen Sinne am meisten berührt. Sie ist die Hülle, in der wir arbeiten. Überhöhte Temperaturen wirken sich unmittelbar negativ auf die Konzentrations- und Leistungsfähigkeit aus.

Eine amerikanische Regierungsstudie hat ergeben, daß bei einem Anstieg der Temperatur von 21 auf 36 Grad im Sommer die Fehlerzahlen bei Büroroutinearbeit von 12 auf über 90 pro Stunde anstiegen. Bei einer anderen Untersuchung stieg die Unfallhäufigkeit bei schwülem Klima um 35 Prozent gegenüber normalen Temperaturverhältnissen. Sommerliche Wärme wirkt sich negativ auf die Leistungsfähigkeit aus. In warmen Räumen werden wir schneller müde als in frisch belüfteten Räumen. Beobachten Sie einmal, wie Sie in einem warmen Zugabteil oder einem Fahrzeug reagieren, bei dem die Heizung zu stark eingestellt ist.

Die richtige Raumtemperatur hängt von der Art der Tätigkeit ab. Während für normale Routinetätigkeit im Büro Temperaturen zwischen 18 und 24 Grad nach den vorliegenden Empfehlungen die notwendige Behaglichkeitsatmosphäre schaffen, kann die gleiche Temperatur beim Hochleistungsmanager zu einer echten Belastung des Kreislauf- und Nervensystems führen. Die erhöhte Körpertemperatur, die bei anstrengender geistiger und in vielen Fällen auch körperlicher Arbeit entsteht, braucht ihren Ausgleich in der Umgebung. Sorgen Sie deshalb dafür, daß Ihr

Arbeitszimmer eine Temperatur erhält, die im üblichen Sinne eher als unterkühlt gilt. Nach den neuesten medizinischen Forschungen liegt die optimale Temperatur für anstrengende geistige Arbeit bei etwa 17 Grad. Je härter Ihre Arbeit ist, um so mehr sollten Sie sich im wörtlichen Sinne an den alten Grundsatz halten: Bewahren Sie sich einen kühlen Kopf.

2. Ihr Schreibtisch darf kein Störfaktor sein

Je mehr auf Ihrem Schreibtisch Unordnung herrscht, um so größer ist die Gefahr, daß Sie die klare Arbeitsübersicht verlieren, und daß Sie von vielen Dingen spontan abgelenkt und gestört werden. Die meisten Manager gehören zum fluktuierenden Typus, das heißt, sie greifen sehr viel aus ihrer unmittelbaren Umgebung auf und reagieren dann häufig auch spontan. Deshalb schlägt Mackenzie (Zeitfalle, S. 66) zu Recht vor: „Lassen Sie keine anderen Dinge auf Ihrem Schreibtisch zu, ehe Sie nicht dazu bereit sind."

Problematisch ist aber der Vorschlag, daß alle Projekte einen Platz in einer Akte oder Schublade haben und auch an diesem Ort zu finden sein sollten. Der freie, aufgeräumte Arbeitsplatz hilft Ihnen sicher, sich zu konzentrieren und klar zu denken. Nur: Dieses Prinzip bringt zwei Gefahren. Vieles wird „schubladisiert" und gerät dadurch leicht in Vergessenheit. Außerdem wird ein schneller Wechsel von einer Arbeit zur anderen erschwert. Impulse, die gerade durch den schnellen Wechsel zu anderen Arbeiten entstehen, fallen so weg.

Wenn Sie gerne Unerledigtes visualisieren, um es nicht zu vergessen, aber Ablenkungen vermeiden wollen, die gerade dadurch entstehen, daß vieles herumliegt, sollten Sie es einfach einmal mit zwei Tischen versuchen. Auf dem einen darf wirklich nur das erscheinen, was Sie gerade bearbeiten. Auf dem anderen legen Sie die Unterlagen ab, die Sie nicht in Schubladen oder Hängemappen verschwinden lassen wollen. Eine Reihe von Führungskräften hat diesen Vorschlag mit gutem Erfolg übernommen. Den gleichen Effekt können Sie auch mit einem Stehpult erzielen. Die schmale Arbeitsfläche eines Stehpultes hat den Vorteil, daß sie wirklich nur das

aufnimmt, was Sie gerade bearbeiten. Die übrigen Unterlagen können Sie in Ruhe auf Ihrem Schreibtisch ausbreiten. Das Stehpult verschafft Ihnen so ganz nebenbei auch etwas Bewegung und die durch Bewegung entstehenden Denkimpulse.
Achten Sie auch darauf, daß Ihr Schreibtisch so steht, daß in Ihrem Blickfeld nicht laufend Mitarbeiter oder Kunden erscheinen. Die Gefahr, daß Sie abgelenkt werden, ist für Sie als Chef einfach zu groß. Grundsätzlich sollten Sie ohnehin einen Raum haben, in dem Sie auch einmal vollkommen unbehelligt arbeiten können. Er sollte sogar abschließbar sein, damit Sie sich darin auch ungestört fit machen können.

Gerade im Zusammenhang mit der Einrichtung von Großraumbüros kommt es heute immer häufiger vor, daß Chefs und Mitarbeiter – nicht selten als Zugeständnis an die Mitarbeiter – im gleichen Raum sitzen. Wenn das so ist, sollten Sie Ihren Schreibtisch wenigstens mit Sichtblenden abschirmen. Oder Sie sollten für sich einen Raum vorsehen, in den Sie sich vorübergehend zurückziehen können.

Zwei Schreibtische oder Räume zu haben, ist für einen Chef kein Luxus, sondern eine höchst rentable Investition. Wir kennen eine ganze Reihe von Geschäftsführern und Inhabern, die nicht nur zwei, sondern sogar drei Arbeitsplätze unterhalten: Zwei Arbeitsplätze innerhalb des Betriebes, davon einer im Mitarbeiterbereich, und einen Arbeitsplatz zu Hause, wo sie sich auch im Laufe des Tages, wenn nötig, einfach zurückziehen können. Drei Stunden ungestörtes Arbeiten kann soviel bringen wie ein ganzer Tag im Büro.

3. Schaffen Sie sich Ihre Arbeitsatmosphäre

Zwangsläufig ist dieser Punkt am meisten von der jeweiligen individuellen Einstellung, von Ihrem Geschmack und Ihrer Eigenart abhängig. Der eine braucht eine Atmosphäre, die ihn beruhigt, der andere erwartet aus seiner Umgebung Impulse. Der eine hat es gern sachlich, der andere bevorzugt das Repräsentative. Entscheidend ist, daß Sie einmal bewußt registrieren, was Sie positiv oder negativ beeinflußt, und daß Sie daraus Ihren individuellen Maßanzug entwickeln.

Wenn Sie repräsentative Chefzimmereinrichtungen stören, sollten Sie den Mut haben, von der üblichen Linie abzuweichen und Ihren Raum kreativ einzurichten. Stimuliert Sie das Repräsentative, dann stellen Sie sich darauf ein.

Fördern leere Wände Ihre Produktivität, dann beseitigen Sie alle störenden Blickfänge. Lieben Sie dagegen Bilder, dann wählen Sie den Stil aus, der Ihnen die meisten Impulse gibt.

Aggressive Farben sollten Sie vermeiden, wenn sanftes Grün oder ruhiges Braun Sie anregt. Wenn Ihnen das Gegenteil liegt, entscheiden Sie sich dafür. Gibt Ihnen der Blick ins Freie die erwünschten Anregungen, stellen Sie den Schreibtisch in diese Richtung. Stört Sie der Trubel im Blickfeld, verändern Sie die Position Ihres Platzes.

Entwickeln Sie gerne Ideen in entspannter Haltung, schaffen Sie sich einen Stuhl an, den Sie darauf einstellen können. Oder machen Sie es wie ein Geschäftsführer, der zur Ideenproduktion Bewegung braucht und sich nur deshalb ein Stehpult zugelegt hat.

Wenn Sie am liebsten in Dämmerstimmung arbeiten, sollten Sie sich nicht scheuen, auch am Tage einmal die Vorhänge zuzuziehen. Das hat außerdem den Vorteil, daß unliebsame Besucher durch die Arbeitsatmosphäre von längeren Gesprächen abgehalten werden.

Wenn Musik Sie stimuliert, sollte eine kleine Anlage nicht fehlen. Von Zeit zu Zeit eingeschaltet, können Sie mit Musik auch die gewollte Entspannung erzielen. Falsch eingestellte Background-Musik wird zwar, insbesondere als Dauerberieselung, mit Recht verpönt. Diese Gefahr besteht jedoch nicht, wenn Sie versuchen, die musikalische Untermalung nach Ihrem jeweiligen Bedarf einzustellen.

Lösen Sie sich vom Zwang der üblichen Chefzimmeratmosphäre, aber auch der herkömmlichen, oft spartanischen Büroeinrichtungen.

Zusammenfassung zu Punkt 5

Nehmen Sie Ihre Arbeitsumgebung nicht einfach so hin wie sie bisher war. Sorgen Sie

1. *für eine leichte Unterkühlung in Ihrem Arbeitszimmer. 17 Grad sind optimal.*

2. für einen leeren Arbeitstisch, am besten durch einen zweiten Schreibtisch oder Stehpult.
3. für eine stimulierende Arbeitsatmosphäre.

Vieles von dem, was erfolgreiche Menschen bereits praktizieren, ist oder erscheint zunächst unüblich. Darauf sollte es Ihnen aber als wirkliche Führungskraft nicht ankommen. Entscheidend ist, ob Sie damit die von Ihnen gewünschten Erfolge erzielen.

Fragen zur Umsetzung in die Praxis

Was können wir tun, um sicherzustellen, daß diese Methoden von mir und meinen Mitarbeitern angewendet werden?

Die Erfahrung zeigt, daß die Lektüre eines Buches allein noch nicht ausreicht. Es müssen konsequent weitere praktische Schritte folgen. Wir empfehlen Ihnen nach folgendem Stufenplan vorzugehen:

1. Halten Sie in einer Checkliste, sofern Sie es noch nicht getan haben, noch einmal die wichtigsten Anregungen fest, die Sie aus diesem Buch gewonnen haben. Legen Sie diese Liste an einer Stelle Ihres Büros aus, wo die größte Chance besteht, daß Sie von Zeit zu Zeit wieder einen Blick hineinwerfen. Streichen Sie die Punkte systematisch durch, die Sie im Laufe der Zeit realisiert haben. Denken Sie daran, es handelt sich um Dinge, die Ihren Tagesablauf und Ihr Leben entscheidend verändern können.

2. Sorgen Sie dafür, daß Ihre Mitarbeiter und Kollegen über die neuen Arbeitsmethoden informiert und in der Anwendung trainiert werden. Ein Seminar wäre der ideale Weg, um alle in kurzer Zeit auf den gleichen Wissensstand zu bringen.[1] Wenn nur Sie allein sich mit neuen Arbeitsmethoden beschäftigen, besteht die Gefahr, daß Sie in Ihrem Betrieb in vielen Dingen als Einzelkämpfer auftreten, ohne bei Ihren Mitarbeitern die nötige Resonanz zu finden. Arbeitsmethoden sind persönliche Verhaltensfragen und ohne wissensmäßige Einsicht nur schwer veränderbar. Ziehen Ihre Mitarbeiter und Kollegen nicht mit, besteht die Gefahr der Frustration und des Rückfalls in

Die Verfasser dieses Buches und der Verlag führen Kurse auf der Basis der hier dargestellten Konzeption durch. Näheres können Sie erfahren bei: Dr. Wolfgang Schömbs, 3388 Bad Harzburg, Am Silberborn 7a, Dr. Karlfried Hans, 4033 Hösel, Fuchsweg 9, BBE-Verlag, 5 Köln 1, Sachsenring 89.

alte Methoden. Außerdem entfällt der wichtige Effekt gegenseitiger Erinnerung und Erziehung in der Praxis.

3. Lassen Sie die Arbeitsweise in Ihrem Unternehmen durch einen neutralen Dritten analysieren. Wenn Sie sich im Tagesgeschehen auf die Lösung Ihrer sachlichen Aufgaben konzentrieren, fehlt zwangsläufig der nötige Abstand und die Energie zur Beobachtung der eigenen Arbeitsmethoden. Das bekannte Wort: „In der Praxis läßt sich das alles nur schwer anwenden“ bestätigt diese Tatsache.

4. Zeigen Sie schließlich in Ihrem Hause eine permanente Bereitschaft, sich gegenseitig Impulse und Anregungen zu geben. Jeder wird im Laufe der Zeit im eigenen Bereich mehr oder weniger betriebsblind und erkennt Schwachstellen eher bei anderen. Machen Sie sich den Vorteil der fehlenden Betriebsblindheit von Kollegen zunutze und fordern Sie sie periodisch zur offenen Manöverkritik auf, in der Sie über bisherige Schwachpunkte offen reden und Verbesserungsmöglichkeiten diskutieren.

Literaturverzeichnis

Birkenbiehl, Vera F., Die persönliche Erfolgsschule, München 1973

Chalendar de, Jacques, Die Neuordnung der Zeit, Aldingen 1972

Deutscher Sportbund, Trimm Dich '74, Frankfurt 1974

Drucker, Peter F., Die ideale Führungskraft, Düsseldorf 1971

Drucker, Peter F., Die Praxis des Management, München–Zürich 1970

Eberlein, Gisela, Gesund durch Autogenes Training, Düsseldorf–Wien 1973

Ernst, H., Meisert, H. J., Regenten der Wirtschaft, München 1973

Gilbert, Owen, Arbeitsstudium und Management, Heidelberg 1971

Gross, Günter F., Chefentlastung, München 1965

Grossmann, Gustav, Sich selbst rationalisieren, München 1967

Hajek, Erich, Mehr Zeit – Mehr Erfolg, Wien 1968

Hettinger, Theodor, Fit sein – Fit bleiben, Stuttgart 1969

Hildebrandt, Wolfgang, Variable Arbeitszeit und Tagesrhythmik, Trossingen 1973

Hull, Raymond, Alles ist erreichbar, München 1970

Korff, Ernst, Arbeitstechnik für Vielbeschäftigte, Heidelberg 1962

Jakobsen, Edmund, Lassen Sie sich Zeit, Stuttgart

Kurth, Hanns, Mit Biorhythmik zum Erfolg, Rüschlikon–Zürich 1972

Lakein, Alan, Lakeins Zeitsystem, Hamburg 1974

Lindemann, Hannes, Anti-Streß-Programm, München–Gütersloh–Wien 1974

Lindemann, Hannes, Überleben im Streß, München–Gütersloh–Wien 1973

Luijk, H., Wo bleibt die Zeit des Direktors?, Wiesbaden

Lysebeth, André van, Yoga für Menschen von heute, Gütersloh 1970

Mackenzie, R. Alec, Die Zeitfalle, Heidelberg 1974

Müller, Norbert, Schnellstraßen zum Verkaufserfolg, München 1971

Odiorne, George S., Arbeits- und Führungstechnik des Chefs, München 1965

O'Reilly, Robert J., Denken und reich werden, München 1967

Parkinson, C. Northcote, Favoriten und Außenseiter, Düsseldorf–Wien 1968

Peale, Norman Vincent, Die Kraft positiven Denkens, Thalwil–Zürich

Peter, Laurence J., Das Peter-Programm, Hamburg 1973

Peters, Theodor, Arbeitswissenschaft für die Büropraxis, Herne 1973

Preusser, Wilhelm, Fit im Büro, Bad Harzburg 1972

Schmidt, K. O., Neue Lebensschule, Pfullingen 1965

Siemens, Organisationsplanung, Berlin–München 1974

Sievert, Ullrich, 7 Erfolgsregeln für den Verkaufsleiter, München 1970

Sievert, Ullrich, Mehr Zeit für das Wichtige, Düsseldorf–Wien 1973

Spreither, Franz, Der königliche Weg, Schanz 1967

Stangl, Anton und Marie-Luise, Das Entspannungsprogramm, Düsseldorf–Wien 1974

Stewart, Nathaniel, So erzielt der Manager Ergebnisse, München 1969

Taylor, Frederick Winslow, Die Grundsätze wissenschaftlicher Betriebsführung, München–Berlin 1919

Toffler, Alwin, Der Zukunftsschock, Bern–München–Wien 1970

Townsend, Robert, Hoch lebe die Organisation, München–Zürich 1973

Weilemann, Gottfried, Arbeitstechnik im Büro, Zürich 1972

Wirz, A., Lerne schöpferisch denken, Stuttgart 1970

Wöllzenmüller, Grünwald, Gesundheitskarriere durch Ausgleichssport, München

Zebroff, Kareen, Yoga für Jeden, Düsseldorf–Wien–Wiesbaden 1974